Anton Kuhn

Einfluss des Westfälischen Friedens auf das Verhältnis der Stände zu Kaiser und Reich

Anton Kuhn

Einfluss des Westfälischen Friedens auf das Verhältnis der Stände zu Kaiser und Reich

ISBN/EAN: 9783337384661

Hergestellt in Europa, USA, Kanada, Australien, Japan

Cover: Foto ©ninafisch / pixelio.de

Weitere Bücher finden Sie auf **www.hansebooks.com**

PROGRAMM

des Grossherzoglichen Gymnasiums zu Eutin,

womit zu der

auf den 26. und 27. März angesetzten

öffentlichen

Prüfung sämtlicher Klassen

und der

Schlussfeier

ergebenst einladet

der Direktor

Dr. Friedrich Heussner.

— ≪ ≫ —

Eutin 1885

1885 Progr. Nr. 603.   G. Struve's Buchdr.

.

Gleich im Beginn der Verhandlungen, die zum westfälischen Frieden von 1648 führten, richteten die beteiligten Hauptmächte ihre Aufmerksamkeit auf das Mass, in welchem die Stände des deutschen Reichs zu denselben heranzuziehen wären. Verlangten die Kronen Frankreich und Schweden die Vertretung sämtlicher Stände am Friedenscongresse, so wollte der Kaiser zuerst das Reich durch seine eigenen Gesandten mit repräsentieren lassen. Später trachtete er danach, dessen Teilnahme in die gesetzlichen Bahnen eines Deputationstages zu leiten, sodann mochte er wenigstens die herkömmlichen Grenzen eines Reichstages nicht überschreiten lassen. Schliesslich hatte er keine dieser Positionen zu behaupten vermocht. Das Erzstift Magdeburg, welches nach dem Prager Frieden von 1635 auf vierzig Jahre ohne Session auf Reichstagen hätte sein müssen, war im Friedenscongresse vertreten; des Kaisers Gegner Hessen, Nassau-Saarbrücken, Baden-Durlach und Strassburg mussten zugelassen werden; eine neue Weise der Verhandlungen hatte man für die in Münster und Osnabrück getrennten Stände ausfindig machen müssen. In diesen Vorgangen¹) aber lag ein offener Bruch mit der Tradition des Reichs, das Zugestandnis namlich, dass seine Territorien das Recht einer selbständigen, von Kaiser und Reich gesonderten Existenz besassen. Das Bewusstsein dieser errungenen Stellung war es, in welchem die ständischen Gesandten, als die kaiserlichen noch zu allerletzt einen Punkt im französischen Friedensinstrument beanstandeten, geradezu die Erklärung abgaben: wie sich ihre Principale vor Gott und der Welt obligiert befänden, ohne einigen Zeitverlust den Friedensschluss zu amplectieren, also gedächten sie auch secundum praesentem Imperii statum langer nicht zu warten²), und in welchem der Kurfürst von Baiern dem Kaiser schrieb: falls derselbe das Werk sollte protrahieren wollen, so habe er seinen Raten gemessen befohlen, dass sie mit und neben andern friedliebenden Ständen das Instrumentum Pacis acceptieren und unterschreiben sollten³).

Entwickelten somit die Reichsstände am Congresse Selbständigkeit bis zu dem Grade, dass sie mit Unterzeichnung des Friedens auf eigene Hand drohten, so entsprach

¹) Ihre entscheidende Wichtigkeit hebt hervor G. Stöckert, die Admission der deutschen Reichsstände zum westfälischen Friedenscongresse. Kiel 1869, S. 6 u 13. ²) J. G. von Meiern, Acta Pacis Westphalicae Tom. VI. p 556. ³) Schreiben des Kurfürsten von Baiern vom 16 Sept 1648 Meiern VI. 560

derselben der völkerrechtliche Gesichtspunkt, unter dem die Friedensinstrumente ihre Teilnahme am Friedensschlusse betrachteten.

Der Friede wurde geschlossen zwischen den Kronen Frankreich und Schweden
auf der einen, dem deutschen Kaiser und dem Hause Östreich auf der andern Seite. Der
Reichskörper als solcher war keine Frieden schliessende Macht, und war von den Gegnern
des Kaisers von vorn herein nicht als solche in Aussicht genommen. Schon die Vollmacht der französischen Gesandten am Congresse nannte unter den Parteigenossen Frankreichs, mit welchen in den Verhandlungen gemeinsam vorzugehen die Gesandten angewiesen
wurden, das Haus Hessen-Cassel und alle andern Verbündeten der Krone Frankreich im
Reiche[1]). Mit Recht erwiderte der kaiserliche Gesandte Volmar darauf, dass das erwähnte
Bündnis der kaiserlichen Würde und Autorität direct zuwider laufe: durch Annahme einer
solchen Vollmacht würde der Kaiser den Schein erwecken, als habe er das fragliche Bündnis stillschweigend gebilligt[2]). Bei dem gegenwärtigen Friedenscongresse, so hob man
kaiserlicherseits bei Erörterung der französischen Proposition vom 4. December 1644 hervor,
würde nicht über einen Frieden zwischen dem Kaiser und den Reichsständen, weil diese
schon mit jenem wieder ausgesöhnt wären, sondern zwischen dem Kaiser und den auswärtigen Kronen gehandelt[3]). Trotzdem hielt die schwedische Proposition vom 1. Juni 1645
in ihrem Fundamentalartikel ausdrücklich die zurückgewiesene Auffassung fest[4]), und als
die kaiserliche Gegenproposition, ein förmliches Eingehen auf die Frage vermeidend, einfach sämtliche Kurfürsten, Fürsten und Stände des Reichs auf des Kaisers Seite nannte[5]),
verfehlten die Schweden nicht in ihrer Replik zu betonen, dass Schweden weder die evangelischen noch alle katholischen Reichsstände, viel weniger das ganze römische Reich und
sämtliche Stände für Feinde gehalten und als solche behandelt habe[6]). Da infolge dessen
der Passus in beiden Friedensinstrumenten den schwedischen Forderungen gemäss so gefasst wurde, dass Kurfürsten, Fürsten und Stände des Reichs unter den Verbündeten und
Adhärenten der beiden auswärtigen Mächte so gut wie des Kaisers erschienen[7]), so konnte
der anfängliche Widerstand der Kaiserlichen nur dazu dienen, diese Entscheidung der Frage
im Sinne der ständischen Unabhängigkeit vom Reiche in ein helleres Licht zu setzen und
ihr eine erhöhte Bedeutung beizulegen. Letztere war um so grösser, als es sich hier um
eine Transaktion handelte, die ein beständiges Gesetz und eine pragmatische Sanction des

---

[1]) Vollmacht der französischen Gesandten vom 20. Sept. 1643. Meiern I, 203. — [2]) Meiern I, 207. —
[3]) Meiern I, 325 — [4]) Prop. Suec. Art. 2, Meiern I, 436: Vicissim Pax .... inter dictos Serenissimos Reges
Regnaque Sueciae et Galliae eorumque Faederatos Imperii Status et Adhaerentes, nec non Serenissimum Impe-
ratorem etc. — [5]) Respons. Caes. ad Prop. Suec. Art. 2, Meiern I, 619: Vicissim Pax ... inter dictam S.
Caesaream Majestatem et S. Romanum Imperium omnesque ejusdem Electores, Principes ac Status .... et
Reges Regnaque Sueciae et Franciae etc. — [6]) Schwedische Replik (schwedisches Protokoll vom 28. Dec. 1645)
Meiern II, 193. — [7]) Instr. Pacis Osn. Art. 1, Monast. § 1 nach J. G. von Meiern, Instrumenta Pacis
Caesareo-Suecicum et Caesareo-Gallicum. Göttingen 1738.

Reichs sein, daher auch ausdrücklich in den nächsten Reichsabschied und in die kaiserliche Wahlcapitulation aufgenommen werden sollte[1]: wie denn in der That offizielle Aktenstücke, so lange das alte Reich bestand, nicht müde wurden den westfälischen Frieden zu wiederholen[2].

Es war mithin auch für die Zukunft des Reichs von grösster Wichtigkeit, wie das reichsrechtliche Verhältnis zwischen Kaiser und Ständen im Frieden fixiert wurde. Nötig war seine Neuordnung, weil es sich unleugbar verschoben hatte: ob diese aber mehr im Sinne des alten Reichsrechtes oder des Umschwungs erfolgte, hing davon ab, ob sie auf einem Reichstage oder am Friedenscongresse vorgenommen wurde. Da das letztere in den wichtigsten Prinzipfragen geschah, so trat sie unter den Einfluss eben jener auswärtigen Mächte, die die Selbständigkeit der Stände auf ihre Fahne geschrieben hatten: es war also natürlich, dass der gelockerte Zusammenhang der Stände mit dem Reiche und seinem Oberhaupte in den bezüglichen Festsetzungen seinen Ausdruck fand.

Es wurden insgemein den Ständen des Reiches ihre alten Rechte, Prärogative, Freiheit, Privilegien, die freie Ausübung ihres Territorialrechts so in Kirchen- wie in Staatssachen, ihre Herrschaften, Regalien und alles dessen Besitz verbürgt[3]. Diese Ausdrücke zielten darauf, Rechte der Einzelstaaten im Reiche gegen die Eingriffe der Gesamtstaatsgewalt sicherzustellen. Sie lagen also im Interesse jener Einzelstaaten, nicht in dem des Kaisertums. Wenn nun trotzdem der Kaiser in seinen Entgegnungen auf die Propositionen der Kronen Schweden und Frankreich letzteren zwar im Prinzip das Recht bestritt, sich in solche innere Angelegenheiten zu mischen[4], aber andererseits doch die Vorschläge derselben wörtlich acceptierte, die ungefähr alles enthielten, was in dieser Hinsicht die Friedensinstrumente aufweisen[5], so lässt sich schliessen, dass er von diesen Festsetzungen nicht befürchtete, dass sie ihm eine bisher behauptete Position entreissen würden.

In der That waren die Ausdrücke im ganzen nicht neu: die eben genannten kaiserlichen Schriftstücke gaben nicht nur zu, dass sie den Reichsgesetzen gemäss seien, sondern sie motivierten gerade damit das Eingehen auf diese und ähnliche Punkte[6]. Bereits die Goldene Bulle enthielt analoge Begriffe: allen und jeden Kurfürsten sollte der erwählte römische

[1] O. XVII, 2. M. 112.   [2] J. S. Klüber, Völkerrechtliche Beweise für die fortwährende Gültigkeit des westfälischen oder allgemeinen Religions-Friedens, Erlangen 1811, S. 3 ff. führt 7 Friedensschlüsse an, die den westfälischen Frieden bestätigten, ebenso 25 sonstige Staatsverträge, die sich auf seiner Grundlage erhoben; dazu kamen sämtliche Wahlcapitulationen — [3] O. VIII, 1 M. 62   [4] Meiern I, 620 u. a.
[5] antiqua jura, praerogativae, libertates, privilegia Prop. Gall. Art. 7, Meiern I, 117; für das jus territoriale hat Meiern in Art. 8 aus dem französischen Text souveronitatis jura entlehnt, wofür er in seiner Ausgabe von Adami, Relatio historica de pacificatione Osnabrugo-Monasteriensi, Leipz. 1737, p. 86 superioritatis jura gesetzt, welches auch die kaiserliche Gegenproposition Meiern I, 634 enthält, regalia Propos. Suec. Art. 6, M. u. I. 437. — [6] Ne quis tamen existimet, Majestati Caes. grave esse assentiri iis, quae legibus imperii ius et consentanea, (folgen die betr. Artikel) Meiern l. c.

König alle ihre Privilegien, Briefe. Rechte, Freiheiten, Vergünstigungen, alte Gewohnheiten und auch Würden bestätigen[1]). Damit die Stände insgesamt bei ihren fürstlichen Ehren und Würden, bei ihren innehabenden Gütern, Freiheiten, Rechten und Herkommen blieben, erklärte Maximilian I. den Reichstag von 1512 berufen zu haben[2]). Die Wahlcapitulationen Carls V. und aller seiner Nachfolger bis zu Ferdinand III. verhiessen die Stände bei ihren Hoheiten, Würden, Rechten, Gerechtigkeiten, Macht und Gewalt, jeden noch seinem Stand und Wesen bleiben zu lassen und ihnen dazu ihre Regalien, Oberkeiten, Freiheiten, Privilegien, Pfandschaften und Gerechtigkeiten zu confirmieren[3]). Sich gegenseitig bei ihren Herrschaften, Obrigkeiten, Herrlichkeiten und Gerechtigkeiten bleiben zu lassen verpflichteten sich im Religionsfrieden von 1555 der Kaiser sowie die katholischen Stände auf einer, die Stände der Augsburgischen Confession auf der andern Seite[4]).

Aus dem früheren Vorkommen solcher staatsrechtlichen Begriffe in den Reichsconstitutionen darf aber doch durchaus nicht geschlossen werden, dass ihre erneute Aufnahme in die Friedensinstrumente nur eine Formalität gewesen sei. Unter jenen Ausdrücken befanden sich neben solchen festbegrenzten Umfangs auch andere, die eine bündige Definition nicht zuliessen, deren Erläuterung vielmehr der Richtung der Zeitströmung und dem Gange der Thatsachen überlassen bleiben musste. Unter diese letzteren gehörte vor allen derjenige, dem seine weitreichende Verwendbarkeit das allseitige Interesse zugewandt hatte: die ständische Freiheit, die ›Libertät‹. Um den Wert der Aufnahme dieses Schlagwortes in den Frieden richtig zu beurteilen, ist eine Betrachtung darüber nötig, mit welchen Tendenzen dasselbe während des dreissigjährigen Krieges im Bunde gewesen und mit welchem Erfolge es angewandt worden war.

Von dem Zeitpunkte des Krieges an war der Ruf nach Libertät sehr laut erschollen, wo Stände des Reiches an auswärtigen Mächten eine Stütze gegen die kaiserliche Gewaltherrschaft fanden; und oft ergänzte jenen Ruf die Behauptung, dass der Kaiser sich des Verfassungsbruchs schuldig gemacht habe. Der niedersächsische Kreistag von 1625/26 sowie der neue Kreisoberste Christian IV. von Dänemark appellierte wiederholt an die deutsche Libertät und an die Reichsconstitutionen, zu deren Erhaltung die Defensionsverfassung des Kreises geschlossen sei[5]). Auf dem kurfürstlichen Collegialtag in Regensburg 1630 geschah es im Vertrauen auf französische Unterstützung, dass gegen Ferdinand II. offiziell der Vorwurf der Verletzung der Fundamentalgesetze durch das kaiserliche Kriegsdirectorium erhoben und das Bedauern der Kurfürsten ausgesprochen wurde, wenn unter diesem Kaiser die uralte löbliche Verfassung des heiligen römischen Reichs niedergerissen und dessen kostbare, teuer erworbene Freiheit so gar unter die Füsse getreten werden sollte[6]).

---

[1]) Aur Bull. cap. II § 8 — [2]) Reichsabschied zu Cöln 1512 im Eingang. — [3]) Cap. Car. V. Art. 4. [4]) Reichsabschied zu Augsburg 1555 § 14. 15. — [5]) Londorp, Acta Publica, Ausgabe Frankfurt a. M. 1668, Tom. III, p. 832. 849. 855. 864. 866. — [6]) ibid. IV, 63.

In noch deutlicheren Wendungen erging sich der Kurfürst von Sachsen, als er dem Kaiser die gegen Gustav Adolf geforderte Hülfe an Geld, Proviant und Munition abschlug und ihn vielmehr von einem bevorstehenden Convent der Evangelischen in Kenntnis setzt¹. Mit seiner kurfürstlichen Pflicht, auf Erhaltung der Reichsconstitutionen und der Freiheit der Stände zu sehen, rechtfertigte er 1631 seine Teilnahme am Leipziger Convent², dessen Proposition, dessen schriftliche Kundgebungen an die katholischen Kurfürsten wie den Kaiser selbst und dessen Schluss ähnliche Ausführungen vielfach enthalten³, wie auch in der nächsten Folgezeit Kursachsen solche dem Kaiser, dessen Vertretern und den Kurfürsten zu wiederholen nicht müde wird, vorkommenden Falles darin von Brandenburg unterstützt⁴). Erhaltung der Libertät, Restitution und feste Observanz der Reichsconstitutionen bezeichneten die Gesandten der evangelischen Stände auf dem Frankfurter Compositionstag als Ziele der Politik ihrer Herren⁵). Die gleichen Saiten schlug 1633 der Staatskanzler Oxenstierna auf dem Heilbronner Convent bei den evangelischen Ständen der obern Reichskreise an: Ihre Königliche Majestät von Schweden, sagte seine Proposition, habe in der Schlacht bei Lützen die deutsche Freiheit mit ihrem edlen Heldenblut besiegelt; er verlangte, dass die vertretenen Stände sich auf so lange verbinden sollten, bis die Restitution der Fundamentalsatzungen des Reiches erhalten worden sei⁶), was von den genannten Ständen bestens acceptiert und in entsprechend erweiterter Form in die Bundnisurkunde aufgenommen wurde⁷). Ein wahres Zeugnis ihrer schuldigen Treue und Sorgfalt für die Freiheit des Vaterlandes wollten die 1634 in Halberstadt versammelten Stände des niedersächsischen Kreises bei der ganzen Posterität hinterlassen, wenn sie gegen die Gefahr des Kreises auf erlaubte Gegenmittel dächten, indem sie sich an dem anberaumten Frankfurter Convent beteiligten, um sich mit den obern Kreisen und der Krone Schweden in ein Bündnis zu begeben⁸). Gewissens- und politische Freiheit der Reichsstände nannte Oxenstierna den zu Frankfurt vertretenen als sein Ziel⁹. Als Hauptzweck des einzugehenden Bündnisses bezeichneten die beiden sächsischen Kreise in ihrer Resolution sowie der allgemeine Hauptabschied des Convents die Conservation der Reichsverfassungen und aller Stände Hoheit, Würden, Ehre, Freiheit, Recht und Gerechtigkeit, letzterer verpflichtete auch wie der Heidelberger Schluss die Verbündeten, die Waffen weiter zu führen, bis die deutsche Libertät und Observanz der Reichssatzungen wieder stabiliert sei¹⁰

Ähnliche Wendungen waren in Bündnissen auswärtiger Staaten gegen das Haus Habsburg überall da angebracht, wo Stände des Reichs in solche eintraten oder für sie interessiert werden sollten. Das Bündnis im Haag vom 9. 19. Dez. 1625 zwischen England, Dänemark und den vereinigten Niederlanden, welches ausdrücklich den Beitritt der

¹) IV, 80. ²) IV, 133. ³) IV, 131 136 137 139 141 145 ⁴ Sachsen IV 161 ff 169. 170. 175 ff. 178. 203. Brandenburg 193 ⁵) IV, 226 232 ⁶) IV, 303 ⁷ IV, 304 316 ⁸) IV, 372. ⁹) IV, 375 ¹⁰) IV, 419 443

hierbei interessierten deutschen Reichsstände in Aussicht nahm, beklagte den Bruch der Reichsconstitutionen und sollte geschlossen sein zur Wiederherstellung und Erhaltung der Libertät und der Reichsrechte und -satzungen [1]). Die Erneuerung des Bündnisses zwischen Schweden und Frankreich auf dem Heilbronner Convent durch Oxenstierna und Feuquières galt der Verteidigung ihrer gemeinsamen Freunde, besonders derjenigen, die sich diesem Bündnis anschlössen, und der Fürsorge für ihre Libertät, Würde und Ruhe [2]). Der in Paris durch Löffler und Streuff vereinbarte Vertrag zwischen Frankreich, Schweden und den vier oberen Kreisen vom 1. Nov. 1634 hob den erprobten Eifer des Allerchristlichsten Königs hervor, den verbündeten Fürsten und Ständen gegen alle beizustehen, die ihre Libertät unterdrücken wollten, und suchte den ober- und niedersächsischen Kreis dadurch heranzuziehen, dass er ihnen für ihren brennenden Wunsch, die gemeinsame Libertät zu schützen, der Verbündeten Unterstützung in Aussicht stellte [3]).

Nach dem Prager Frieden von 1635 und seiner Annahme durch eine Reihe von Ständen war natürlich für solche Auslassungen der Boden verhältnismässig beschränkter. Gelegentlich wurden sie doch seitens der auswärtigen Kronen wieder angebracht und blieben im Reiche durch die mit dem Kaiser nicht ausgesöhnten Fürsten, wie den Pfalzgrafen Karl Ludwig, die Herzöge von Braunschweig-Lüneburg, die Landgräfin von Hessen lebendig.

In den Vordergrund traten sie wieder, als das Reich ernstlich auf die Herstellung des Friedens Bedacht zu nehmen anfing und die Stände für den zu berufenden Friedenscongress in das Interesse der Kronen Schweden und Frankreich gezogen werden sollten. Die zum Regensburger Reichstag versammelten Stände wies ein schwedisches Schreiben vom 22. März/1. April 1641 auf die Gewaltherrschaft hin, die der vorige Kaiser in Deutschland habe begründen wollen, stellte die Verdienste Schwedens ins Licht und hob hervor, nichts könne dieser Krone angenehmer sein, als wenn man Friedensbedingungen ausfindig mache, kraft deren die verfallene Reichsverfassung wieder zu ihren alten Freiheiten gelange [4]). Auch die Einladungsschreiben zum Congress, welche Schweden an eine Reihe von Ständen erliess, beriefen sich darauf, dass der vornehmste Zweck, den es im Kriege verfolgt habe, die Wiederaufrichtung des wundervollen, harmonischen Gefüges der Libertät des Reiches gewesen sei [5]). Noch ganz anders trug das französische Circularschreiben vom 6. April 1644 die Farben auf: Frankreich, so wiederholte es in verschiedenen Wendungen, sei der Vorkämpfer der deutschen Freiheit. Hingegen wolle das Haus Östreich seine Alleinherrschaft in Europa herstellen und den Grundstein dazu in der absoluten Gewalt über das römische Reich legen: um letztere zu erlangen, würde es alle Majestätsrechte, die Geltung der Gesetze und obrigkeitlichen Befugnisse den Reichsständen

---

[1]) III, 802. — [2]) IV, 313. — [3]) IV, 444 f. — [4]) V, 261 f. — [5]) Schreiben des Gesandten Adler Salvius an Markgraf Christian zu Brandenburg-Culmbach vom 14./24. Nov. 1643. Meiern I, 44.

allmählig wegnehmen. »Wenn also nicht Ew. Hoheit und die andern, mit denen der Kaiser das Reich in geteiltem Besitz hat, dem zeitig entgegentreten, dann ist es um die deutsche Libertät geschehen!« Wenn die Reichsstände auf den König von Frankreich nicht hören wollen, dann »werden sie dereinst vergeblich die Goldene Bulle, die Reichsconstitutionen, den Passauer Vertrag, vergeblich kaiserliche Capitulationen und Eide, oder eine pragmatische Sanction, veraltete Namen, anrufen.« Kurz, Ew. Hoheit und ihr deutschen Fürsten, so viel eurer sind, müsst überzeugt sein, dass alte Würde, Rechte, Libertät hier oder nirgends wiederzugewinnen sind«[1]). Da den Ständen diese Redeweise, falls sie dem Rufe der Kronen Folge leisten wollten, nur Verlegenheiten mit dem Wiener Hofe bereiten konnte, so trat im nächsten Einladungsschreiben der Franzosen vom 4. Sept. 1644[2] der Lockruf der Libertät zwar zurück gegen die Versicherung, es handle sich hier nicht um einen Aufruf zu einer Versammlung mit empörerischen Tendenzen, wurde aber doch nicht ganz unterdrückt. Auch das Schreiben der Schweden an den Frankfurter Deputationstag vom 4./14. Oct. 1644[3]) verfehlte nicht die Libertät als ein Hauptziel der Verhandlungen am Friedenscongresse mehrfach in Erinnerung zu bringen.

Nunmehr entschloss sich in corpore zuerst der fränkische Kreis, sich durch Gesandte am Congresse vertreten zu lassen. In seinem Notificationsschreiben an den Kaiser[4]) vermied er es allerdings, seine Beteiligung mit der deutschen Libertät in Beziehung zu bringen. Wohl aber sollten die abzufertigenden Kreisdeputierten, deren Instruction man vorläufig entwarf, für die Notwendigkeit ihrer Zulassung zu den Verhandlungen geltend machen, dass aus der Ausschliessung von Fürsten und Ständen eine schwere, unerträgliche Servitut erfolgen und diese an ihren Hoheiten, Privilegien, Stand, Freiheiten und Reputationen zum höchsten beleidigt würden. Kaiser und Kurfürsten dürften es den übrigen Ständen nicht übel deuten, dass sie bei ihrer wohlhergebrachten Freiheit und Libertat bleiben wollten[5]). Bei weiterer Ausführung dieser Instruction, so bemerkten die Höfe des fränkischen Kreises, sei vornehmlich auf fleissige Observation der kaiserlichen Capitulation, der Reichsconstitutionen, der Hoheit und Libertät von Fürsten und Ständen zu sehen[6]. Die Kreisdeputierten äusserten sich nach ihrer Ankunft in Münster im März 1645 in ihrer Ansprache an die französischen Gesandten anerkennend über die Bestrebungen Frankreichs im Interesse der deutschen Libertät[7]), worauf jene keinen Anstand nahmen sie in ihrer Erwiderung zu belehren: wenn die Stände die wahren Gründe des Krieges noch nicht wissen sollten, so würden sie, die Franzosen, und die Schweden dieselben im Gang der Verhandlungen klar stellen und zeigen, wie masslos vom Kaiser im Reiche die Gewalt geübt und auf wie vielerlei Weise die Libertat und die Rechte der Stände gebrochen und

[1]) Circularschreiben der französischen Gesandten bei Meiern I, 219 ff. [2] Meiern I, 269 ff.
[3]) Meiern I, 314 ff. — [4]) vom 9. Nov. 1644 Meiern I, 288 ff — [5]) Concept der Instruction für die fränkischen Kreisgesandten, Meiern I, 294 ff [6]) Erinnerungen der Höfe, Meiern I, 300 ff [7] Meiern I, 372 f.

mit Füssen getreten worden seien[1]). Nach der Translation des Frankfurter Deputationstages an den Friedenscongress machte man gegen die Ausschliessung der sämtlichen nicht
deputierten Stände von den Friedensverhandlungen geltend, dass dieselbe nicht allein wider
des Reiches Herkommen, sondern auch wider der Fürsten und Stände Hoheit und wohl-
hergebrachte Libertät laufe[2]). Endlich spielte letztere auch im Streit um die Admission
der mit dem Kaiser noch nicht ausgesöhnten Stände zu den Friedenstractaten ihre Rolle:
Hessen-Cassel, so behaupteten die Franzosen gegen die kaiserlichen Gesandten, streite
allein pro libertate Germaniae, die andern Stände liessen sich für das Haus Östreich zu
Sclaven machen[3]).

Es vertrat diese letzte Äusserung wie auch eine ganze Reihe der früher angeführten diejenige Anschauung von deutscher Libertät, welche in der Publicistik der Zeit
das später dem in schwedischen Diensten stehenden Bogislaus Philipp Chemnitz zuge-
schriebene Buch von der Staatsverfassung im römisch-deutschen Reiche zu verbreiten sich
zur Aufgabe gemacht hatte. Schon auf seinem Titel konnte es eine Klage über die Be-
einträchtigung der Libertät des Vaterlandes nicht unterdrücken[4]). Diese habe Ferdinand
II., so führte beispielsweise die Schrift aus, mit Füssen getreten, die Reichsconstitutionen,
die beschworene Capitulation verletzt, den Religions- und Landfrieden missachtet[5]). Die
Libertät hätten die Stände selbst dem Hause Östreich hingeopfert: doch sei es ja noch
möglich, dass ein guter Geist den Sinn der deutschen Fürsten, der jetzt zur Knechtschaft
geneigt sei, dahin lenke, dass dieselben rühmliche Freiheit der schnöden Knechtschaft und
schimpflicher Ruhe einen ehrenhaften Krieg vorzögen[6]). Ermannen müssen sich also und
verschwören gegen dies Otterngezücht alle Herzen, welche die Dienstbarkeit verabscheuen«[7]).
Der blutige Zwiespalt zwischen dem Kaiser und einer Reihe von Ständen erschien dem
Verfasser wie der Anfang einer besseren Zeit: schon sind wir in Waffen entgegengetreten
dem gewappneten Kaiser vom Hause Östreich[8]). Der Verfasser war in seinem Streben,
diesem Hause die Vergewaltigung der deutschen Libertät zuzuschieben, parteiisch bis zu
absichtlicher Verdrehung historischer Thatsachen[9]): aber sein antikaiserlicher Begriff von

[1]) Meiern I, 374. — [2]) Meiern I. 455. — [3]) Meiern I, 717. — [4]) Hippolithus a Lapide, Dissertatio
de ratione status in Imperio nostro Romano-Germanico. Ausgabe von 1647 (die erste erschien 1640). Das
Buch will laut des Titels unter anderm klarlegen, quae ratio status observanda quidem, sed magno cum patriae libertatis detrimento neglecta hucusque fuerit. — [5]) Hippolithus p. 407. — [6]) Hippolithus p.
509. — [7]) Hippolithus p. 535. — [8]) ib. — [9]) Man vergleiche die Äusserung, die er p. 405 Ferdinand dem
II. schuld giebt: es habe ihm weder des Reichs Ordnung noch auch das Herkommen einige Mass zu schreiben,
mit den Worten dieses Kaisers bei Londorp IV, 61: »ob zwar weder des heiligen Reichs Ordnung noch auch
Herkommen derselben (I. Majestät) einige Mass vorschreiben« — nämlich wen der Kaiser zu Generalstellen ge-
brauchen dürfe; darüber enthielten eben die Reichsconstitutionen vor der Capitulation Ferdinands III. (Art. 15)
keine klaren Bestimmungen, wie sich denn auch die Kurfürsten selbst für ihre bezüglichen Vorschläge nur auf
einige aus Reichsabschieden ersichtliche Präcedenzfälle, nicht auf irgendwelche Vorschriften berufen konnten;
cf. Londorp IV, 65.

Libertät fand so gut im Reiche Aufnahme wie der der Schweden und Franzosen bei den Ständen. So bezog sich ein sehr angesehener Gelehrter auf dem Gebiete des Staatsrechts, der brandenburg-anspachische Rat Limnaeus ausdrücklich auf einen Ausspruch des gefährlichsten Wortführers der Libertät im vorhergehenden Jahrhundert, des Kurfürsten Moritz von Sachsen, so viele Schritte mache Deutschland seinem Ruin entgegen, als der Kaiser neue Stufen seiner Macht ersteige: Fürstenmacht und Reichsgesetze müssten daher als Gegengewicht der kaiserlichen Gewalt Deutschland in Flor und Libertät erhalten[1]

Ziehen wir das Facit dieser Entwickelung: die Libertät war mehr und mehr der Schlachtruf derjenigen Partei im Reiche geworden, die mit dem Kaiser und dem Hause Östreich in offenem Kampfe lag. Zu Anwälten der Libertät hatten sich im Verlauf des Krieges die auswärtigen Kronen Frankreich und Schweden aufgeworfen, und eben diese waren es, deren eifriges Bemühen ihr und in ihrem Gefolge der ganzen Reihe ständischer Rechte, deren Missachtung man dem Kaiser so oft vorgeworfen, einen Platz in den Friedensurkunden verschaffte. Nach diesem Gang der Dinge hatte ihre Aufnahme in dieselben für alle Beteiligten doch viel mehr zu bedeuten als eine unverfängliche Wiederholung längst gebrauchter Grundsätze. Den Kaiser stellte sie der unleugbaren Thatsache gegenüber, dass Schritte, die seitens des Kaisertums gethan, aber von den Ständen als Verletzung ihrer Rechte empfunden worden waren, wieder hatten zurückgethan werden müssen: auf den Kaiser zielte im Frieden nicht undeutlich die Wendung, die Stände sollten in ihren Rechten kraft dieses Vertrages so befestigt und gesichert sein, dass sie nie von jemandem unter irgendwelchem Vorwand thätlicher Weise daran gekränkt werden konnten noch dürften[2]. Den Ständen gab sie Brief und Siegel darüber, dass der dreissigjährige Krieg sie im Kampfe gegen die kaiserliche Vollgewalt ein Stück weiter gebracht hatte, und wies sie für die erfolgreiche Fortsetzung desselben auf Vereinigungen im Reiche und die Unterstützung ihrer bisherigen ausserdeutschen Gönner hin. Jenen auswärtigen Kronen aber öffnete sie für die Zukunft ein weites Feld zur Ausnutzung der deutschen Opposition für ihre gegen die Habsburger gerichteten Interessen.

Für Verbindungen der Reichsstände untereinander sowohl als mit auswärtigen Mächten war um so mehr der Weg geebnet, als die Garantie des Friedens der Gesamtheit der Paciscenten anheimfiel: es sollten, so war bestimmt, alle Teilnehmer dieses Vertrages gehalten sein, alle und jede Bestimmungen des Friedens gegen jedermann ohne Unterschied der Religion zu schützen und zu schirmen[3]. Was lag somit näher, als dass sich die Stände durch förmliche Verträge mit anderen Garanten des Friedens im Besitze des in ihm Erlangten zu sichern suchten? Damit aber dergleichen Bundnissen nicht die gesetzliche Grundlage bestritten werden könnte, setzte der Friede — und zwar mit besonderem

[1] J. Limnaeus, Capitulationes Imperatorum et Regum Romano-Germanor u. 2 Aufl. S. ... rg 1658 (die erste erschien 1657) p. 20 — 2, 2 P O VIII. I M 62 — 3 J P O XVII. 5 M 11.

Nachdruck — fest: es solle das Recht, untereinander und mit Auswärtigen zu ihrer Erhaltung und Sicherheit Bündnisse zu schliessen, den einzelnen Ständen für alle Zeit freistehen [1]. Die Bedeutung dieser Bestimmung lag nicht darin, dass sie die fraglichen Bündnisse erst ermöglicht hätte. Bündnisse im Reiche waren längst ein allgemein geübter Gebrauch, und solche zwischen Ständen und Auswärtigen hatte eben wieder der grosse Krieg in mannigfaltiger Weise veranlasst. Aber reichsrechtlich liessen sich dieselben anfechten. Was erstere, die Bündnisse zwischen Reichsständen, anlangte, so war ihnen durch die Goldene Bulle eine gesetzliche Grenze gezogen: nur soweit wurden sie gestattet, als von ihnen bekannt sei, dass Fürsten, Städte und andere sie zum Schutz gemeinen Friedens der Provinzen und Länder geschlossen hätten [2]. Was aber die der zweiten Kategorie, zwischen Reichsständen und Auswärtigen, betraf, so hatten die kaiserlichen Gesandten während der Friedensverhandlungen gegen die Behauptung der Franzosen, dass Reichsstände ohne Wissen und Einwilligung des Kaisers zu solchen berechtigt wären, geltend machen können: in der Goldenen Bulle und in der Constitution vom Landfrieden wären alle dergleichen Bündnisse mit Auswärtigen nachdrücklich verboten. Seien solche gemacht worden, so hätten sie nur aus Fehden und Rebellionen ihren Ursprung genommen, und es habe demnach bei nachgefolgter Composition darauf renuntiiert werden müssen [3]. Soweit die Goldene Bulle in Frage kam, liess sich allerdings gegen die Ansicht der Gesandten streiten: dieselbe enthielt über diesen Fall nichts. Wohl aber bestimmte der Landfriede von 1495, dass weder der Kaiser noch auch Kurfürsten, Fürsten und Stände des Reichs ohne Wissen und Willen des jährlichen Reichstages Bündnis oder Einigung mit fremden Nationen oder Gewalten machen sollten [4], was auch am Friedenscongress seitens der Stände als zu Recht bestehend anerkannt wurde [5]. Was ferner die Kaiserlichen bezüglich der Auflösung solcher Bündnisse vorgebracht hatten, fand einen Beleg an der Bestimmung des Prager Friedens von 1635, dass alle und jede Uniones, Ligae, Foedera und dergleichen Schlüsse gänzlich aufgehoben sein sollten [6]. Es hatte somit der westfälische Friede mit seiner Freistellung der Bündnisse eine wirkliche Umgestaltung der bisher in dieser Richtung gültigen reichsrechtlichen Grundsätze hervorgebracht.

Als Zweck jener nunmehr erlaubten Verbindungen gab der Friede die Erhaltung und Sicherheit der Stände an. Hierdurch war aber das Reich in doppelter Beziehung in missliche Lage gebracht: einmal war es compromittiert, insofern zugegeben wurde, dass seine Glieder die Bürgschaft für ihre Erhaltung in den vorhandenen Einrichtungen des

[1] J. P O. VIII. 2 M 63. — [2] Aur. Bull. cap. XV. § 2. — [3] Meiern I. 326. — [4] Handhabung des Friedens, Rechtens und der Ordnung zu Worms 1495 aufgerichtet Art. 6. — [5] Adami, Relatio historica p. 195 werden die foedera Statuum cum exteris inita citra consensum Imperatoris et Constatuum bezeichnet als anno 1495 in comitiis Wormatiensibus prohibita, ein Passus, der in dem Protokoll bei Meiern II, 509 ff. fehlt. — [6] Prager Friede, Londorp IV. 468.

Reichs nicht unter allen Umständen fanden, vielmehr sie auf ganz anderem Wege zu
suchen veranlasst sein konnten; sodann aber war es auch gefährdet: denn konnten nunmehr die Stände nicht in die Lage kommen ihr Bündnisrecht auch gegen Kaiser und
Reich anzuwenden, wenn ihnen diese ihre Sicherheit, etwa von der Seite ihrer prätendierten
Libertät her, zu beeinträchtigen schienen? Man hatte dem zwar im Frieden vorbeugen
wollen durch die Clausel, dass dergleichen Bündnisse nicht gegen Kaiser und Reich und
den Landfrieden, oder vor allem gegen den vorliegenden Friedensvertrag gerichtet sein
dürften und durchaus unbeschadet des Eides geschlossen sein müssten, durch den ein jeder
gegen Kaiser und Reich verpflichtet sei[1]). Es fragte sich nur, wie weit diese Bestimmung
die Interessen des Reichs wirklich zu schützen im Stande war.

Ein Blick in die jüngste Vergangenheit konnte lehrreich sein. Der Schluss des
Leipziger Conventes von 1631 erschien dem Kaiser so bedrohlich, dass er dem Kurfürsten
von Sachsen durch den Gesandten Hegenmüller erklären liess, es habe ihn derselbe sehr
perplex gemacht, auch sei es beispiellos im römischen Reiche, dass die Stände gegen ihren
römischen Kaiser dergleichen Verfassung und Bündnis gemacht hätten[2]. Und doch wollte
jener Schluss selbst mit den Reichssatzungen durchaus im Einklang stehen: der Augsburger
Reichsabschied von 1555, so führte er aus, verlange, dass Stände und Benachbarte einander mit Treuen meinen, und dass sich ein jeder freundlich und mitleidentlich gegen den
andern erweisen solle[3]); das wollten die versammelten Stände in diesem Falle thun, indem sie einander Hülfe leisteten, wenn ein oder der andere Kreis über aller Verhoffen
wider Ihrer Kaiserlichen Majestät Capitulation, Fundamental- und Reichsgesetze und -ord-
nungen ohne Ursach vergewaltigt werden sollte[4]. Auf die Reichssatzungen also sollte
der Schluss begründet, und nur gegen den Kaiser selbst konnte er doch gerichtet sein.
Nichts desto weniger wahrte er auch dem Kaiser wie dem Reiche gegenüber die Form:
die Verbündeten wollten niemand offendieren und beleidigen, und gaben die Versicherung,
sie wollten allerseits in der römischen Kaiserlichen Majestät schuldigem, gebührenden
Gehorsam und unterthänigster, treuer Devotion standhaft und unausgesetzt verharren[5].
Damit würden sie aber unter späteren Verhältnissen formell auch die Bedingung erfüllt
haben, von welcher oberwähnte Clausel im westfälischen Frieden die Zulässigkeit von
Bündnissen abhängig machte.

Diese Praxis, den Gegner nicht zu nennen, vielmehr loyale Versicherungen zu
geben, befolgten selbst Bündnisse, die dem Kaiser in Wirklichkeit ganz direct feindlich
gegenübertraten. So nannte der Schluss des Heidelberger Conventes von 1633 als Gegner
der Schweden und Bedrücker der Evangelischen nur die kaiserlichen Armeeen, vermied

[1]) J. P. O. u. M. l. c. — [2]) Instruction Hegenmüllers, Londorp IV, 151 Gemeint war im
Reichs-Abschied zu Augsburg die Executentsordnung des Friedens § 54—55 nach Schmauss, Corpus Juris
Publici). [4]) Leipziger Schluss, Londorp IV, 146. [5] ib

aber jegliche Erwähnung des Kaisers selbst, trotzdem Oxenstiernas Proposition ganz offen zur Beratung darüber aufgefordert hatte, ob es nicht zweckmässig sei, den Kaiser öffentlich für einen Feind zu declarieren und zu halten[1]). Auch wollte das Bündnis dem heiligen römischen Reich und dessen Fundamentalsatzungen durchaus unabbrüchig sein[2]). Auf dem Halberstädter Kreisconvent von 1634 sah Oxenstierna von der Beratung der oberwähnten Frage ab, da ihre Beantwortung nur unnütze Scrupel machen konnte; der Schluss der Stände redete statt vom Kaiser nur vom Gegenteil und gab in Bezug auf das Reich den obigen ganz analoge Erklärungen[3]). Was hinderte es, dass nach dem westfälischen Frieden vorkommenden Falles der gleiche Kunstgriff angewandt wurde?

Eine bedeutende Schwierigkeit blieb ausserdem im Frieden ungelöst. Jene Bündnisse hatten alle zu ihrer Rechtfertigung anführen können, dass von kaiserlicher Seite die Reichssatzungen verletzt worden wären und diese verteidigt werden dürften. Es konnte nicht fehlen, dass in den westfälischen Friedensverhandlungen die Frage, ob dies Verfahren statthaft sei, zum Gegenstand von Erörterungen gemacht wurde. Die schwedischen Gesandten behaupteten, wenn ein Kaiser wider die Fundamentalsatzungen des Reichs etwas vornehmen wolle oder auch einen Reichsstand gröblich verletze, dann seien Defension und Bündnisse zugelassen[4]). In Sachen der Garantie, für welche der kaiserliche Gesandte Graf Trautmannsdorff die Reichsstände nicht zuständig erklären wollte, äusserte Johann Oxenstierna: der Krone Schweden wäre am allermeisten an den Ständen gelegen, und wie sie gern gestatten werde, im Contraventionsfalle auch gegen Schweden die Waffen zu ergreifen, so sei es billig, dass es auch gegen jeden andern Zuwiderhandelnden und selbst gegen den Kaiser geschehe[5]). Übrigens fanden sich ähnliche Auffassungen, wenn auch nicht in gleich schroffer Weise, im Kreise der Reichsstände vertreten. Oder was sollte es anders heissen, wenn der Gesandte von Brandenburg-Culmbach am Congress in einem äusserst eingehenden Gutachten über die schwedisch-französischen Propositionen und die kaiserlichen Erwiderungen auf dieselben sich dahin aussprach: es werde den Ständen nicht anzusinnen sein, dass sie auf alle ausländischen Bündnisse und Hülfen verzichtleisten sollten, sintemal sie so aller Assistenz gegen künftige Oppressionen sich wider natürliche Rechte begeben und verzeihen müssten[6])?

Der Friede selbst vermied ein Eingehen auf die Frage, die doch nicht zu lösen gewesen wäre. Die Auffassung Schwedens aber findet sich thatsächlich auch in der Folgezeit ganz ausdrücklich festgehalten. Das schwedisch-sächsische Bündnis vom 6./16. Juli 1666 bestimmte: »Von diesem Foedere haben die Königliche Majestät zu Schweden und Kurfürstliche Durchlaucht zu Sachsen ausgezogen die römische Kaiserliche Majestät, so

[1]) Londorp IV, 303. — [2]) Heidelberger Schluss, Londorp IV, 317. — [3]) Halberstädter Schluss bei Londorp IV, 372 ff. — [4]) Schwedisches Protokoll vom 28. Dec. 1645, Meiern II, 195. — [5]) Meiern III, 152. — [6]) Meiern I, 862

lange dieselbe wider die Religion, den Münsterischen Friedensschluss and dero kaiserliche Capitulation, auch andere mit dem Kurhaus zu Sachsen aufgerichtete Pacten nichts Thätliches handeln[1].

Wenn die Stände ihr Bündnisrecht in solchem Sinne ausübten, so war vorauszusehen, wie sich daraus früher oder später offene Conflicte zwischen dem Reiche und seinen Gliedern ergeben mussten. Den ersten Schritt auf dieser abschüssigen Bahn bezeichnet das rheinische Bündnis, welches im Jahre 1658 von einer Reihe namhafter Reichsstände, darunter auch Schweden für Bremen, Verden und Wismar, geschlossen wurde, und in welches dann Frankreich eintrat. Es konnte freilich, äusserlich betrachtet, nicht nur den westfälischen Frieden, sondern auch noch die Wahlcapitulation Leopolds I. vom 18. Juli 1658 für sich anführen. Falls ein feindlich angegriffener Reichsstand, so bestimmte letztere, die Krone Frankreich um Hülfe anginge, solle derselben unbenommen sein, solche Assistenz zu leisten, ebenso auch dem betreffenden Reichsstand, sich ihrer vermöge habenden und im Instrumento Pacis bestätigten Juris Foederis zu bedienen[2]. Das fragliche Bündnis sollte denn auch als reine Defensivallianz zu keines Menschen Offension, am allerwenigsten aber wider die römische Kaiserliche Majestät und das heilige Reich, sondern allein zur Erhaltung des jedem zustehenden Rechtes, sonderlich aber der deutschen Freiheit und beständigen Genusses des westfälischen Friedens gemeint sein[3], eine Versicherung, welche der oben angeführten Clausel des Friedens Rechnung trug, und welche die Verbündeten vielfältig wiederholten. Dem Pfalzgrafen Karl Ludwig empfahlen sie den Beitritt zu diesem gemeinnützigen Werk[4]; es sei ein patriotisches, gutes Bündnis und bezwecke die Erhaltung des Friedens im Reiche[5], machten sie gegen den Kurfürsten von Brandenburg geltend, als dieser sich durch die feindselige Stellung verletzt fühlte, welche die Verbündeten in Sachen seines Zerwürfnisses mit Schweden einnahmen. Dem Kaiser versicherten sie, dass seine Sorge für die Erhaltung des Friedens im Reiche durch sothane getreue Zusammensetzung bester massen secundiert werden solle[6]. Und doch klang es recht vieldeutig, wenn die Verbündeten wider alle gewaltthätigen Eingriffe, wie Einquartierungen, Durchzüge und sonstige Zumutungen, was sie auch für Namen haben und von wem sie herrühren möchten, einander verteidigen wollten[7]. Dass hiervon auch der Kaiser nicht ausgenommen war, zeigte sich bald: noch in demselben Jahre ersuchten ihn die Alliierten Verfügung zu thun, damit die kaiserlichen und deren verbündete Truppen im niedersächsischen Kreise und seinen Nachbarländern sich aller Gewaltthätigkeiten gegen sie enthielten, insonderheit die Länder diesseits der Elbe mit Über- und Durchzügen, Einquartierungen, Contributionen und Kriegsmolestien zu beschweren sich keineswegs unter-

---

[1] Lünig, Reichs-Archiv, Tom V. Part spec 2 Teil, p 200   [*] Cap Leop Art 14
[2] Frankfurter Bündnis, Lünig, R.-A. Tom V. Part spec 1 Teil, p 327   [*] Lünig, Reichs-Cancelei, Tom. I. p. 735.   [*] ib. I, 801 f   [6] ib. I, 811   [7] Lünig, Reichs-Archiv I. c

ständen, widrigenfalls die unbillige Gewalt mit den in der natürlichen Billigkeit, den Reichssatzungen und dem Instrumento Pacis wohlversehenen und vermöge dieser Allianz verglichenen Rettungsmitteln schuldiger massen abgewendet werden müsse [1]. Dass man damit nicht etwa das im Frieden geordnete Eingreifen der Generalgarantie, sondern eventuelle Anwendung von Gewalt in Aussicht stellte, wie sie übrigens in Rücksicht auf die Generalgarantie den Ständen ausdrücklich untersagt war [2], konnte dem Kaiser die beigelegte Abschrift des Frankfurter Bündnisses beweisen, welches dergleichen Eingriffe abwehren wollte, obschon sie sonst vor die Generalgarantie gehörig wären, und welches seine Teilnehmer verpflichtete, einander mit wirklicher Macht beizuspringen [3]. Zum Überfluss richteten jene Verbündeten auch noch ein Schreiben ähnlichen Inhalts wie das an den Kaiser direct an den kaiserlichen Feldherrn Grafen Montecuculi [4]. Sehr begreiflich, dass ein solches Vorgehen den Kaiser verstimmte: so mahnte er den Bischof von Bamberg ab dem Bündnisse beizutreten, und eröffnete diesem, dass durch dies Allianzwesen die Stände enerviert, dagegen die Kronen Frankreich und Schweden in ihren kriegsbegierigen Anschlägen nur mehr gestärkt würden, das Reich aber zu erwarten habe, dass es endlich, wenn es zu spät, und kein Rat und Hülfe mehr zu hoffen sein werde, anstatt der verhofften Sicherheit von ihrem Arbitrio werde dependieren müssen [5]. Der Kaiser beurteilte die Absichten jener auswärtigen Mächte richtig: Diese Allianz, schrieb ein Franzose über den Nutzen des rheinischen Bundes für Ludwig XIV., öffnet dem König die Thüren, um seine Minister zu allen Beratschlagungen einzuführen; sie macht ihn zum Mitglied des Rates der deutschen Fürsten, ohne ihn abhängig zu machen; sie macht es ihm leicht alle Triebfedern aufzuspüren, welche das Haus Östreich seit so langer Zeit in Bewegung setzt [6]. Männern, die nicht vom Libertätsschwindel ergriffen waren, blieb diese Tendenz kein Geheimnis. Samuel Pufendorf, damals Professor in Heidelberg, schrieb in seinem berühmten Buche über die Verfassung des Deutschen Reiches nach ausdrücklicher Erwähnung des rheinischen Bündnisses: die Franzosen hätten es darauf abgesehen, alle Hülfsbedürftigen davon zu überzeugen, dass ihnen die französische Freundschaft zuverlässigeren Schutz biete als Kaiser und Reichsgesetze. Ein Thor müsse sein, wer nicht merke, wie damit ein äusserst bequemer Weg gebahnt werde, um die Freiheit Deutschlands zu stürzen [7] — eine Auffassung der Stellung Frankreichs zu den deutschen Ständen, welche so sehr das Richtige traf, dass hauptsächlich um ihretwillen der beabsichtigte Druck des Buches in Paris nicht gestattet wurde [8].

[1] Lünig, Reichs-Canzlei I, 811 f. — [2] et nulli omnino Statuum Imperii liceat jus suum vi vel armis persequi. J. P. O. XVII. 7. M. 116. — [3] Lünig, Reichs-Archiv l. c. — [4] Lünig, Reichs-Canzlei I, 805 ff. — [5] Schreiben Leopolds an Philipp Valentin von Bamberg vom 22. Jan. 1659, ib. I, 820. — [6] Robert de Gravel an Herrn de Lionne; citiert nach Grössler, der Streit um die Translation der Ordinari-Reichsdeputation (1658—1661). Programm des Gymnasiums zu Stargard. 1870. p. 23. — [7] Severini de Monzambano de statu Imperii Germanici liber. Erste Ausg. von 1667, cap. VII § 6, p. 212 f. — [8] Pütter, Litteratur des Teutschen Staatsrechts. Göttingen 1776. Tom. I, p 236.

Schritten die Reichsstände auf dieser Bahn fort und wie hatten sie ihren Traditionen untreu werden sollen, nachdem ihnen der westfälische Friede Verbindungen aller Art so erleichtert hatte —, so war es nur eine Frage der Zeit, wann ein derartiges Defensivbündnis einmal offensiv gegen Kaiser und Reich vorgehen würde. Wie weit es nach Verlauf eines halben Jahrhunderts in dieser Hinsicht gekommen war, dafür kann das Verfahren des Kurfürsten Maximilian Emanuel von Baiern am Anfang des spanischen Erbfolgekriegs zum Beispiel dienen. Dieser, als Verbündeter Frankreichs, liess im Jahre 1702 in Erwartung der Reichskriegserklärung gegen die genannte Macht und ihre Alliierten dem Reichstage in Regensburg geradezu erklären, dass er sich durch die dahin zustande Majorität nicht werde binden lassen[1]. Als der Kaiser auf Grund eines gefassten Reichsschlusses ihn mahnte, das im Einverständnis mit Frankreich gewaltsam besetzte Ulm wieder in den früheren Stand zu setzen, beteuerte er, dass jene Unternehmung im geringsten nicht zu eines einzigen Menschen Offension geschehen sei, und rechnete dem Kaiser vor, falls er dem fraglichen Reichsschluss beiträte, der ja doch hauptsächlich nur von den mit dem Kaiser alliierten Ständen herkomme, so würde ihm selbst und seinem Kurhaus unvergleichlich mehr entgehen als durch sein Kreiscontingent dem Kaiser zuginge[2]. Nach erfolgter Reichskriegserklärung an Frankreich und seine Verbündeten mutete er in seinem Gegenmanifest unter Klagen über den östreichischen Prädominat den Reichsständen zu, darüber ein ganz dankbares Vergnügen zu bezeigen, dass durch ihn die Jura Statuum und die Freiheit des Reichs auf eine solche aufrichtige Weise vertheidigt und conserviert würden[3]. Er nahm auch keinen Anstand, trotz des faktischen Kriegszustandes in welchem er sich mit dem Reiche befand, die Ausübung seiner ständischen Rechte in den Körperschaften desselben zu beanspruchen, als ob er kraft seines Bündnisrechtes auch jetzt noch auf dem Boden der Reichsverfassung stande. Die ausschreibenden Fürsten des schwäbischen, also desjenigen Kreises, den er durch die Besetzung Ulms geschädigt hatte, setzte er auf deren seine Vertretung im Kreisconvent unter den gegenwärtigen Umständen höflich ablehnendes Schreiben davon in Kenntnis, dass er den Convent als ein wirklicher Reichsstand beschicken und sich seines Rechtes so leichterdings keineswegs entsetzen lassen werde[4]. Dem Kammergericht drohte der Kurfürst unter Berufung auf die Jura Statuum mit Ahndung, als die Reception eines von ihm präsentierten Assessors beanstandet worden war[5]. Sein Gesandter am Reichstage verlas, als dieser ohne sein Beisein Beratungen gepflogen, einen Protest gegen alles, was irgendwie zum Präjudiz seines Prinzipals oder gegen die Reichsobservanz geschehen sei oder noch

---

[1] Kurbairisches Votum, Faber, Europäische Staats-Canzlei älterer Ausg. Theil VII, s. 56
[2] Schreiben Maximilian Emanuels vom 30. Sept. 1702. Faber VII, 569 570. Lünig, Reichsarchiv Vol. 664 [3] Bairisches Gegenmanifest, Faber VIII, 44 [4] Schreiben Max. Em. vom 11. Oct. 1702, Lünig R. A. V, 685. Die Beschickung des Conventes stand dem Kurfürsten wegen seiner Herrschaften Wiesensteig und Mindelheim, die zum schwäbischen Kreise gehörten [5] Schreiben Max. Em. vom 12. Dec. 1702, VI, 224

geschehen werde[1]. Kurz darauf beschwerte sich ebenderselbe im Namen des Kurfürsten gegen die Stände darüber, dass dasjenige, was man kaiserlicherseits wider letzteren vorgenommen, nämlich durch kaiserliche Erklärungen, Avocatorien und militärische Massregeln, der Weg und die Art nicht sei, mit einem freien Stand und Kurfürsten des Reichs umzugehen: der Kurfürst lebe in der getrosten Zuversicht, man werde seitens des Reiches dies Verfahren nicht gutheissen noch auch ihm verdenken, wenn er sich der unbilligen Gewalt widersetze[2]. Ja er entblödete sich nicht es zu bemängeln, dass in Sachen der Stadt Ulm dem Kurfürsten von reichswegen keine gleichmässige gütliche Vorstellung gemacht worden sei[3]. Als die Truppen des Kurfürsten sich im Februar 1703 Neuburgs bemächtigt hatten, suchte dieser den Schein der Loyalität dadurch zu wahren, dass er dem Reichstage offizielle Anzeige davon zugehen liess, natürlich mit dem Bemerken, dass er mit der Einnahme jener Stadt nichts anderes als die blosse in allen Rechten und den Reichssatzungen bestens gegründete Defension seiner Lande vorhabe[4]. Es erhellt aus diesen Vorgängen, dass Schlagworte und Tendenzen noch die gleichen waren wie vor fünfzig Jahren. Aber gestiegen war die Rücksichtslosigkeit, mit der auf Grund des Bündnisrechtes am Reichsrecht Gewalt geübt wurde: der Kurfürst trieb, wie sich der Kaiser ausdrückte, seinen Hohn mit seinem Oberhaupt und dem ganzen Reich vor aller Welt[5]. Das Bündnisrecht, die Pflanze, welche der westfälische Friede auf dem Boden der Reichsverfassung hatte ziehen wollen, hatte diese selbst vollständig überwuchert, so dass sie endlich noch daran zu Grunde gehen musste.

Neben einem derartigen Zustande der Ungebundenheit in ihren völkerrechtlichen Beziehungen, wie ihn die Stände nach dem westfälischen Frieden für sich behaupten konnten, wäre eine straffe, einheitliche Centralgewalt im Reiche, wie sie durch den Kaiser hätte repräsentiert werden können, ein Ding der Unmöglichkeit gewesen. Eine solche war aber auch im genannten Frieden dadurch ganz ausdrücklich aufgegeben, dass der Kaiser für die wichtigsten Reichsgeschäfte an die Zustimmung der Stände auf den Reichsversammlungen gebunden wurde. Wenn, so setzte der Friede fest, Gesetze zu geben oder auszulegen, wenn ein Krieg zu beschliessen, Steuern auszuschreiben, militärische Aushebungen oder Einquartierungen zu veranstalten, neue Festungen von reichswegen im Gebiete der Stände anzulegen oder schon vorhandene mit Besatzungen zu versehen, ebenso wenn Frieden oder Bündnisse zu schliessen oder andere dergleichen Geschäfte vorzunehmen seien, so solle nie etwas von diesen genannten Gegenständen, auch nie etwas Ähnliches geschehen oder zugelassen werden als nur nach freier, auf einem Reichstage erfolgter Abstimmung und Genehmigung aller Stände des Reichs[6].

---

[1] Protest des kurbairischen Gesandten vom 13. Dec. 1702. Faber VII, 779. — [2] Vorstellung desselben Gesandten vom 15. Jan. 1703. Faber VII, 788. 789. — [3] ib. 783. — [4] Vortrag des Gesandten, Faber VIII, 226. — [5] Vorstellung wider den Kurf. von Baiern, Faber VIII, 15. — [6] J. P. O. VIII, 2. M. 63.

Durch diese Bestimmung wurde nicht der Kaiser allein, sondern mit ihm das kurfürstliche Collegium betroffen, welches bisher in Gemeinschaft mit dem Kaiser für einen Teil der angeführten Geschäfte als competent hatte gelten können. Die Capitulation Carls V. und aller seiner bisherigen Nachfolger versprach, der Kaiser als solcher wolle in Reichshändeln kein Bündnis oder Einigung mit fremden Nationen, noch auch im Reiche machen [1]), sowie selbst in zugelassenen nötigen Fällen keine Steuern und Auflagen ansetzen [2]) ohne Willen der Kurfürsten. Was allerdings den letzteren Punkt betraf, so war der Kaiser in Wirklichkeit abhängig von der Bewilligung seitens eines Reichstages, wie das auch ein seit Matthias der Capitulation eingefügter Passus anerkannte [3]). Noch deutlicher ordnete die Capitulation Ferdinands III. an, dass der Kaiser, um über eine Steuer etwas an die Reichsstände gelangen zu lassen, sich der Kreis- und Reichstage zu bedienen habe und nur im äussersten Notfall mit Rat und Gutachten der sechs Kurfürsten verfahren dürfe [4]), und was äusserste Notdurft war, darüber liess sich ja streiten. Es war also das Festhalten selbst dieser letzten Capitulation an jener alten Fassung neben einer solchen Parallelbestimmung weder den Verhältnissen entsprechend, noch auch logisch consequent. Endlich verpflichtete den Kaiser die Capitulation, keinen Krieg in oder ausser dem Reiche von desselben wegen anzufangen ohne Vorwissen, Rat und Bewilligung der Reichsstände, zum wenigsten der sechs Kurfürsten [5]; der Buchstabe des Gesetzes liess also hier einigen Spielraum. Doch war es verschiedentlich vorgekommen, dass die Kurfürsten in dieser Sache sich ohne Zuziehung anderer Stande für incompetent erklärten [6]). Wenn aber so auch unter den im Frieden angeführten Gegenständen nur für einen einzigen bisher die Mitwirkung der Kurfürsten für unter allen Umständen genügend gelten konnte, so fiel ihnen doch bezüglich anderer in gewissen Fällen die entscheidende, jedenfalls aber eine sehr gewichtige Stimme zu. Überhaupt hattete an denselben noch ein Teil jenes alten Glanzes, den ihnen als den starken Grundfesten und unbeweglichen Säulen des Reiches die Goldene Bulle verlieh. Auf Grund derselben gestattete ihnen die Wahlcapitulation Carls V., und ähnlich die seiner Nachfolger, zu ihrer und des heiligen Reiches Notdurft zusammenzukommen [7]). Seit Matthias versprach der Kaiser in wichtigen Sachen, die das Reich beträfen, bald anfangs des Rates der Kurfürsten sich zu bedienen [8]). Ferdinand II. und sein Sohn erkannten an, dass es ihnen gebühre, die Kurfürsten als ihre innersten Glieder und Hauptsäulen des Reichs vor männiglichen in son-

---

[1]) Cap. Car V. Art 7   Ferd III Art. 7   [6]) Cap. Car V Art 12   Ferd III Ar 11
[2]) Cap. Matth Art. 12 s f   Ferd III. Art 13 s f verspricht der Kaiser, er wolle die von dem Reich und desselben Ständen eingewilligte Steuer und Hülfen zu keinem andern, als wozu sie bewilligt werden, anwenden. — [4] Cap. Ferd III Art 14   [5] Cap. Car. V Art 11   Ferd III Art 11   [6] So auf Regensburger Collegialtag von 1630 hinsichtlich Hollands. Londorp IV. 56   [7] Cap Car V Art 5 s f Cap. Ferd III Art 5 — [8] Cap. Matth. Art 40   Ferd III. Art 42

derer hoher Consideration zu halten[1]). Und in der That, nicht gering war die Bedeutung des kurfürstlichen Collegiums in der reichstaglosen Zeit von 1613 bis 1640, wo dasselbe, abgesehen vom Regensburger Deputationstage von 1622/23, die einzige den Gesetzen gemässe corporative Vertretung des Reiches in den Wahltagen von 1619 und 1636 sowie in den Kurfürstentagen zu Mühlhausen 1627, Regensburg 1630 und Nürnberg 1640 bildete.

Indessen eine so selbständige Stellung, wie sie die Kurfürsten auf dem Collegialtag von 1630 dadurch einnahmen, dass der einmütige Unwille der Stände gegen das kaiserliche Gewaltregiment durch sie zum Ausdruck gebracht wurde und französische Hülfe im Hintergrunde sich zeigte, war auf die Dauer nicht möglich. Standen sie zu Regensburg da als die Hauptsäulen und Ihrer Majestät fast vornehmste Glieder, von welchen die kaiserliche Dignität herrührt[2], so änderte sich ihre Stellung binnen zehn Jahren nach zwei Seiten hin. Einmal griff der Kaiser selbst durch den Prager Frieden von 1635 in die Rechte der Kurfürsten ein: er schloss diesen mit dem Kurfürsten von Sachsen in Anbetracht der mit so gar sonderbaren, schweren Umständen umgebenen, kläglichen Reichsbewandnis, trotzdem sich beide bedächtlich erinnerten, dass ausser eines gemeinen Reichsoder je zum wenigsten Deputationstages dergleichen das ganze Reich betreffende hohe Schlüsse nicht zu machen wären[3]). Mit der kaiserlichen Capitulation stimmte diese Erinnerung nicht überein: denn, wie oben gezeigt, würde diese den Kaiser für die vorliegende Handlung, die unter die Rubrik „Bündnisse und Einungen im Reiche" fiel, vielmehr an die Kurfürsten gewiesen haben. In Anerkennung dessen hatte sich auch wirklich vor Abschluss des Friedens der Kaiser an die Kurfürsten von Baiern, Mainz und Cöln, d. h. an alle diejenigen gewandt, mit denen er nicht in Zwiespalt lag, ohne jedoch deren ungeteilte Zustimmung erlangen zu können. Auch verfehlte er nicht im Eingang des Friedens hervorzuheben, wie bei seinen Friedensbestrebungen der Kurfürst von Sachsen als eine vornehme Säule des heiligen römischen Reiches getreulich cooperiert[4]) habe, aber als Mitwirkung des kurfürstlichen Collegiums konnte das alles doch füglich nicht angesehen werden, so wenig, dass die Wahlcapitulation des nächsten Jahres Bestimmungen traf, die ein gleiches Verfahren in Zukunft verhüten sollten. Es sollte nämlich die Zustimmung der Kurfürsten in solchen Fällen auf einer Collegialzusammenkunft, und nicht nur durch gesonderte Erklärungen erfolgen, und der Modus, der im Prager Frieden gehalten worden sei, künftig zu keinem Präjudiz gereichen[5]). Diese Versicherungen änderten aber doch nicht das Factum, dass das in sich zerfallene Collegium in einer Angelegenheit, für die es competent sein sollte, vom Kaiser übergangen worden war.

Noch mehr änderte sich in dieser Zeit die Stellung, welche die Kurfürsten zu den andern Standen des Reichs einnahmen, und zwar durch das unter Einwirkung der

---

[1]) Cap. Ferd. II. Art. 41 = Ferd. III Art. 48. — [2]) Resolution des kurf. Collegiums vom 16 Juli 1630 Londorp IV, 53. — [3]) Prager Friede, Londorp IV, 470. — [4] Londorp IV, 468. — [5]) Cap. Ferd. III. Art. 7.

fremden Kronen bedeutend gewachsene Libertätsgefühl derselben. Auf dem Nürnberger Kurfürstentag von 1640 erklärten die kurfürstlichen Gesandten bezüglich des Hauptpunktes der kaiserlichen Proposition, die Hülfeleistung gegen Frankreich und Schweden betreffend, zur Berufung eines Reichstags oder bei den gegenwärtigen hochgefährlichen Läuften doch wenigstens zur Zuziehung der kreisausschreibenden Fürsten raten zu müssen; denn sonsten hat man allen erwogenen Umständen nach anderes nicht zu erwarten, als dass andere Fürsten und Stände gleich wie vor diesem, also auch und viel mehr diesmals gegen dergleichen Collegialschluss protestieren und besorgen dürfen, solches möchte hiernächst in consequentiam gezogen werden [1]. Das einzige positive Ergebnis dieses Kurfürstentags war in der That die Berufung eines Reichstags. Zur selben Zeit aber belehrte der oben erwähnte, unter dem Namen Hippolithus a Lapide schreibende Politiker, welcher zu Gunsten der Libertät öffentliche Meinung machen wollte, seine Leser, dass die Kurfürsten vieles sich widerrechtlich angeeignet hätten, was nach Recht sowie altem Reichsherkommen dem ganzen Reiche zustehe; besonders hätten sie auf ihren neuerdings öfter wiederholten Conventen die Befugnis ausschliesslich an sich gerissen, Fragen zu entscheiden, an denen Ruhe und Wohlfahrt des ganzen Reichs hinge, während sie dieselben dem ganzen Reiche zur Kenntnis bringen und einer allgemeinen Reichsversammlung hätten anheimstellen müssen. Nicht mit Unrecht seien diese Septemviri mit den römischen Decemviri zu vergleichen, die den Senat, um ihn aller Macht zu entkleiden, nicht mehr zu Rate gezogen hätten [2]. Es handelte sich für die auswärtigen Kronen darum, solche Ansichten bei den zum Friedenscongress versammelten Ständen in Aufnahme zu bringen; dann konnte es bei der rückgängigen Bewegung, zu welcher das kurfürstliche Collegium nach dem Jahre 1630 gezwungen war, nicht fehlen, dass seine und in Verbindung damit auch des Kaisers Autorität im Reiche gänzlich zusammenbrach.

Am Congress brachten die schwedische und französische Proposition vom 1.–11. Juni 1645 die Frage in Fluss, indem sie, und zwar in besonderer Vollständigkeit die französische, die schliesslich in die Friedensinstrumente aufgenommenen, oben citierten Bestimmungen beantragten [3], neben denen die schwedische noch die Achterklärung über einen Reichsstand als der Zustimmung eines Reichstags bedürftig namhaft machte. Die kaiserlichen Gegenpropositionen vom 17. September desselben Jahres genehmigten mit Ausnahme des letztgenannten Punktes die bezüglichen Vorschläge der beiden Kronen, aber mit dem Zusatze: unbeschadet jedoch dessen, was vor den Kaiser und das Kurfürstencollegium allein gehört, und unbeschadet ihrer Rechte und Praeminenzen, auch alles zu verstehen nach dem von altersher im Reiche angenommenen Gebrauche [4]. Viel Bestimmtes liess sich hierbei nicht denken; aber gerade seine Unbe-

[1] Verantwortung des kurfürstl. Collegiums vom 10.–20. März 1640, Londorp IV. 787. [2] Hippolithus a Lapide p. 358. [3] Propos. Suec. Art. 5. Gall. Art. 7. Meiern I. 437. 447. [4] Meiern I. 201 ff.

stimmtheit hätte den Zusatz im Interesse des Kaisers und der Kurfürsten fruchtbar machen können: auf Grund des alten Reichsgebrauchs hätten sich jene ihnen unbequemen Bestimmungen umgehen lassen. Doch scheinen die Stände das zuerst nicht gefürchtet zu haben: denn im ersten Entwurf eines bezüglichen Gutachtens versprachen die Evangelischen in Osnabrück den Kaiser nicht in dem zu beeinträchtigen, was ihm vermöge der Reichssatzungen allein gebühre; auch solle es dabei sein Bewenden haben, was den Kurfürsten laut der Goldenen Bulle allein zustehe. Doch würde es »zu Verhütung künftiger Irrung hochdienlich sein, wenn die deutsche kaiserliche Majestät allergnädigst belieben wollten, die kaiserlichen Reservata und propria Jura zu designieren«[1]). In der über den betreffenden Artikel abgehaltenen Sitzung wagte allerdings Mecklenburg die Bemerkung: Man solle morem ab antiquo receptum, weil dieser schlecht genug gewesen, ausstreichen; doch blieb das unbeachtet. Das vollständige Gutachten, wie es durch Magdeburg ausgefertigt wurde, billigte sogar ausdrücklich diesen letzten Teil des von den Kaiserlichen verlangten Zusatzes, wenn auch in etwas beschränkter Fassung[2]).

Entschieden traten die Schweden dem kaiserlichen Vorschlage entgegen. In ihrer Replik verlangten sie bestimmte Auskunft über kaiserliche und kurfürstliche Rechte mittelst der Frage, was die Clausel eigentlich bedeuten solle. Bezüglich ihres zweiten Teils erkundigten sie sich noch besonders, ob der von altersher im Reiche angenommene Gebrauch wegen der alten Zeiten unter dem Kaiser Tiberius zu verstehen wäre[3]), wiesen also ausdrücklich antikisierende Auffassungen von kaiserlicher Vollgewalt zurück. Durch den Widerspruch der Schweden wurde in den Beratungen der evangelischen Fürsten in Osnabrück, an denen auch einige katholische teilnahmen, ein viel grösseres Interesse auf die Clausel gelenkt. Übrigens stellte in der Sitzung, in welcher sie zur Sprache kam, Östreich als Directorium in Abwesenheit von Salzburg nur den zweiten Teil derselben zur Beratung, da in das kaiserliche Protokoll über die Replik der Schweden nur deren Frage nach der Definition des alten Gebrauchs Aufnahme gefunden hatte[4]). Während nun Östreich, Baiern und Würzburg sich darauf beschränkten, den Sinn dieser Wendung dahin festzustellen, dass sie sich nur auf die moderne Reichsverfassung beziehen könne, meinte Magdeburg, man könne sie, da ihre Deutung unsicher, wohl auslassen. Die übrigen Stände ohne Ausnahme schlossen sich dieser letzteren Auffassung an, so dass das Directorium dieselbe als Ergebnis der Sitzung[5]) betrachten und neben jener Beschränkung des Ausdrucks ·alter Gebrauch· auf die moderne Verfassung in die Correlation des Osnabrücker Fürstenrates aufnehmen musste[6]). Die Gesamtcorrelation der in Osnabrück und Münster versammelten

[1]) Meiern I, 751. — [2]) Meiern I, 813: und wird billig alles juxta morem ab antiquo in Imperio legitime receptum et ejus Constitutionibus conformem verstanden. — [3]) Schwedisches Protokoll über die schwedische Replik, Meiern II, 195. — [4]) Kaiserliches Protokoll über die schwedische Replik, Meiern II, 186. — [5]) Protokoll über dieselbe, d. d. Osnabrück, 30. Jan. 1646. Meiern II, 318 ff. — [6]) Dieselbe wurde verlesen zu Osnabrück am 28. Febr. 1646. Meiern II, 414 ff.; die einschl. Stelle p. 417.

Fürsten enthielt ebenfalls beide Punkte: den schwedischen Herren Plenipotentiariis sei zu antworten, dass man die betreffenden Worte auf den modernum Imperii statum et ejusdem Leges fundamentales verstehe; im Fall aber aus diesen Worten sich Weiterung erheben sollte, hätten die kaiserlichen Herren Plenipotentiarii so stark darauf nicht zu bestehen, sondern dieselben ganz auszulassen[1]).

So wäre durch das Stillschweigen des Directoriums über die Differenz bezüglich des ersten Teils der Clausel dieser wenigstens gerettet gewesen. Aber man wurde zuerst unter den Ständen zu Münster darauf aufmerksam, dass die auswärtigen Kronen über beide Teile Aufklärung verlangt hatten[2], und dort fiel die Majorität dahin aus, dass sie beide auszulassen wären. Das Directorium Salzburg, welches eingetroffen war und Östreich abgelöst hatte, nahm diese Entscheidung nachträglich und anhangsweise in die auf Grund weiterer Sonderberatungen der Evangelischen und Katholischen in Osnabrück und Münster verfasste fürstliche Gesamtcorrelation über eine Reihe anderer verglichener Punkte mit auf; diese legte es dann in Osnabrück dem Fürstenrate vor, in welchem es ebenfalls den Vorsitz übernahm. Jene Schlussbemerkung referierte, es hätten unterschiedliche Fürsten und Stände in Obacht genommen, dass die königlichen Kronen über beide Clauseln Erläuterung begehrt, hingegen im Fürstenrat nur die zweite in Umfrage gestellt, die erste aber übergangen worden sei. Weil aber die Kronen ohne Zweifel die Erklärung vornehmlich über die erste Clausel erwarteten, und diese neben den vorhergehenden kaiserlichen Erklärungen über die alleinige Zuständigkeit der Reichsversammlung nicht allein unnotwendig sei, sondern auch inskünftige zu Zweifel und Missverständnis Gelegenheit und Ursach geben möchte: so hielten sie es für notwendig, der fürstlichen Correstion noch diese Erinnerung einzurücken, dass beide Clauseln und insonderheit auch die erste in der bevorstehenden kaiserlichen Duplik und im Frieden ausgelassen werden[4]. Es konnte nicht fehlen, dass in der zwei Tage später gepflogenen Beratung über das verlesene und zur Dictatur gegebene Schriftstück dieser nachgetragene Punkt lebhaft erörtert wurde. Baiern, weil selbst dabei interessiert, war natürlich gegen die Auslassung; Östreich berief sich darauf, dass es, falls man dieselbe beschliesse, scheinen würde, als ob man Ihre Majestät Ihre Jura zu disputieren bedacht wäre[5]. Einige Stimmen erhoben sich für Verbesserung des Zusatzes, die Majorität der Versammlung aber war für Auslassung worauf nun auch die Fassung der Worte in der Correlation eingerichtet wurde, gewissen-

[1]) Meiern II, 618.   [2]) Dieser Sachverhalt ist ersichtlich aus dem Votum des Directorums Salzburg in der Sitzung zu Osnabrück vom 9 April 1646, Meiern II, 900, cf. Votum von Corvey in derselben Sitzung Meiern II, 904. — [3]) So, und nicht »die meisten«, hiess es in der am 7 April 1646 verlesenen Correlation cf. Meiern II, 910. Die von Meiern p 899 gleich mit aufgenommene Wendung »die meisten« kann tatsächlich erst Resultat der Beratung vom 9. April sein, insofern diese auch im Osnabrücker Fürstenrat die Majorität ergab.   [4]) Meiern II, 899 f   [5] Meiern II, 901

haft fügte sie jedoch hinzu: etliche aber haben vermeinet, die verstandene Clausel, wie sie gesetzt, zu lassen [1]).

Als man am 16. April 1646 zu Osnabrück zur gemeinschaftlichen Correlation der drei Reichscollegien schritt, zogen die Kurfürsten die Aufnahme der Clausel natürlicher Weise überhaupt nicht in Zweifel, sondern nahmen nur Stellung zu dem Verlangen der Kronen betreffs weiterer Erläuterung der kaiserlichen und kurfürstlichen Reservatrechte. Falls diese Frage nicht gar zu übergehen sei, empfahlen sie dem Kaiser die Erklärung, dass ihm alles dasjenige an Hoheit, Jurisdiction, Autorität, Macht und Gewalt allein zustehe, was den Kurfürsten und Ständen vermöge der Wahlcapitulation, der Goldenen Bulle und der Reichsconstitutionen nicht participative ausbehalten worden [*], den Kurfürsten aber dasjenige zu lassen sei, was ihnen in den bezeichneten Gesetzen attribuiert werde [2]). Durch eine solche Erklärung wäre nun freilich die etwaige Aufnahme der Clausel in den Frieden einer Aufhebung seiner vorangehenden Bestimmungen gleichgekommen. Die am folgenden Tage verlesene Correlation der Städte ging auf die Frage wegen Einrückung oder Streichung der Clausel ebenfalls nicht ein und bewegte sich bezüglich des ganzen Punktes in sehr unterthänigen Wendungen gegen Kaiser und Kurfürsten: gleichwie die städtischen Gesandten gewillt waren, dem Kaiser allen gebührlichen Respect, Ehre und Gehorsam als ihrem allerhöchsten Oberhaupt in tiefster Demut zu erweisen, also liessen sie es auch bei dem, was vermöge der Goldenen Bulle den löblichsten Herren Kurfürsten vor andern Ständen zusteht, ganz willig und gern bewenden, in Hoffnung, es werde all solches anders nicht, denn secundum Consuetudines et Leges Imperii fundamentales verstanden werden [3]). Da ein gemeinsames Reichsconclusum nicht zu Stande gebracht, sondern die Correlationen der drei Collegien mit einem vom Reichsdirectorium Kurmainz verfassten Eingang gesondert eingereicht wurden und bezüglich der Clausel nicht übereinstimmten, so konnten die Kaiserlichen immer noch Freiheit des Handelns in dieser Frage in Anspruch nehmen. Sie wählten in ihrer Duplik an die Franzosen den Weg, den ihnen die Kurfürsten empfohlen hatten: für die Erklärung der Reservatrechte verwiesen sie auf die Goldene Bulle, die Capitulation und die übrigen Reichsconstitutionen: sei ein Zweifel zu heben, fügten sie hinzu, so müsse das auf einem künftigen Reichstage geschehen [4]). Den Schweden aber antworteten sie mit jenem Passus aus der fürstlichen Correlation, der das ›alte Reichsherkommen‹ auf moderne Zustände beschränkte [5]), gaben also nur Auskunft auf die eine ihrer Fragen, während ihr Project des Friedensinstrumentes, wie sie es wenige Tage später den Schweden zugehen liessen, die ganze Clausel einfach festhielt [6]). Sobald jedoch dies Schriftstück den Ständen bekannt wurde, beeilten sich dieselben, ihre ›Erinnerungen‹ darüber

---

[1]) Meiern II, 900. — [2]) Correlation der Kurfürsten, Meiern II, 919. — [3]) Correlation der Städte, Meiern II, 955. — [4]) Kaiserliche Duplik an die Franzosen, Meiern III, 16. — [5]) Kaiserliche Duplik an die Schweden, Meiern III, 59. — [6]) Kaiserliches Project des Instrumenti Pacis, Art. V. Meiern III, 67. 68.

zusammenzustellen, welche sie samt den Reichsgutachten, die von den Kaiserlichen zurück-
gehalten wurden, direct den Schweden einhändigten. Damit stellten sie ihre Forderungen
rückhaltlos unter deren Schutz: die schwedischen Gesandten gaben denn auch bereitwillig
die Versicherung, von denselben ohne ihre Einwilligung nicht abweichen zu wollen. Um
so aussichtsloser waren nun die ferneren Bemühungen der Kaiserlichen um Aufrechthaltung
der Clausel, denn in den ständischen Erinnerungen fand sich unerbittlich der Vermerk:
»die beiden Clauseln auszulassen, weil die Majora zu Münster und hier dahin gefallen« [1].

Johann Oxenstierna sprach sich denn auch in einer Conferenz mit den Kaiserlichen in Münster noch bestimmter als früher dahin aus: entweder müsse die Clausel ausgelassen, oder die berührten Reservatrechte specifice angedeutet und benannt werden [2].
Wie würde aber ein solches Verzeichnis ausgefallen sein! Hatte doch der Kaiser selbst
nicht lange zuvor gegen seine Gesandten es ausgesprochen, dass von den Prärogativen der
höchsten Gewalt (Jus legis ferendae, Magistratuum constituendorum, pacis et belli, et de-
nique judiciorum) die drei ersten einem römischen Kaiser dermassen beschnitten seien, dass
er ohne ständischen Beschluss fast nichts thun könne [3]. Noch einmal wiesen die Kaiserlichen beide Forderungen der Schweden zurück: es bedürfe, so entgegneten sie, keiner
Special-Enumeration, sondern es habe bei demjenigen sein Verbleiben, was deswegen in
der Goldenen Bulle und den Reichsconstitutionen versehen wäre. Potestas Imperatoris sei
im übrigen universalis und lasse sich anders nicht limitieren: hingegen könne man diese
Clausel auch nicht aussen lassen, denn eben darum, weil sie bestritten
würde, möchten künftig aus solcher Auslassung allerhand nachteilige Conse-
quenzen erzwungen werden. Auch gegen die Franzosen verteidigten die Kaiserlichen
noch einmal ihre Position: als erstere die gleiche Forderung wie die Schweden stellten [4],
beriefen sich die Kaiserlichen auf den Consens der Stände zur Clausel [5], was sie doch,
wie aus dem Obigen erhellt, mit Fug nicht mehr konnten, ja sie schlugen später sogar
zu näherer Bestimmung der Reservatrechte die formliche Aufnahme der Goldnen Bulle,
der Capitulation und der Reichsconstitutionen in die Clausel vor [6].

Die Schweden liessen die letztere in ihrem Gegenentwurf des Friedensinstrumentes
einfach weg [7]. Unter den Standen aber dauerte die Opposition gegen die kaiserlich-kur-
fürstlichen Ansprüche unvermindert fort. »Ein reichsständischer Gesandter äusserte gegen
den schwedischen Gesandten Adler Salvius: dass die Kurfürsten befugt sein sollten, die
Jura Statuum et Comitiorum an sich zu ziehen, solches ware ihnen nimmermehr einge-
räumt: sollte man ihnen das verstatten, so ware die Oligarchia schon geboren und die

---

[1] Der evangelischen Fürsten und Stände Erinnerungen. Meiern III, 77. 79. — [2] Meiern III, 91.
[3] Instruction des Kaisers an die Gesandten vom 11. Jan. 1646. M. Koch, Geschichte des Deutschen Reiches
unter der Regierung Ferdinands III. Wien 1865 f. Teil II, 187. 188. — [4] Meiern III, 92. — [5] Meiern
III, 93. — [6] Meiern III, 713. — [7] Friedensinstrument der Schweden, Meiern V, 434. Der Artikel über die
Jura Statuum, wie er ursprünglich gefasst war, steht Meiern IV, 490 f.

26

Jura Statuum aufgehoben¹). Einige Tage später wiesen in einer Sitzung der evangelischen und der zu gemeinschaftlicher Beratung deputierten katholischen Stände zu Osnabrück, welche über die Fassung des Artikels von den Rechten der Stände beriet, die salzburgischen Gesandten auf den Widerspruch hin, dass die Capitulation dem Kaiser und dem kurfürstlichen Collegium die Entscheidung in Dingen wie Krieg, Frieden, Bündnissen u. s. w. anheimstelle, welche doch vor alle Stände des Reichs gehörten. Sie hätten, so bemerkten sie weiter, ausdrücklichen Befehl, Fleiss anzuwenden, dass die von den Kaiserlichen eingerückte Clausel ausgelassen würde; denn sollte man sie stehen lassen, möchten dahero allerhand Irrungen erwachsen, auch die den Ständen zu gute versehenen Jura und Freiheiten in Zweifel gezogen werden ²). Der Gesandte für Sachsen-Altenburg gab kund, sein Prinzipal könne den Kurfürsten die Befugnis durchaus nicht einräumen, mit dem Kaiser ohne der andern Stände Consens etwas decisive zu verordnen, und votierte ebenfalls gegen die Clausel³). Die meisten Stände schlossen sich den beiden genannten an. Solcher Opposition gegenüber gaben die Kaiserlichen die Clausel auf: der bezügliche Artikel in dem von ihnen ausgearbeiteten Friedensinstrument, wie es den Schweden Ende Mai 1647 eingehändigt wurde, enthielt sie nicht mehr⁴).

Damit war der zweijährige Streit entschieden, den die Kaiserlichen um die Möglichkeit der Aufrechthaltung kaiserlicher und kurfürstlicher Reservatrechte von wirklicher politischer Tragweite geführt hatten. Was nun noch den Namen kaiserliche Reservatrechte trug, konnte keine reale Macht mehr verleihen⁵). So war also in der Reichsgesetzgebung die Anerkennung dessen durchgedrungen, was Hippolithus a Lapide gelegentlich eines Vergleichs antiker römischer und moderner auswärtiger Einrichtungen mit den deutschen behauptet hatte: ganz anders ist es in unsern Reichstagen, denn nicht sie sind von der Entscheidung der Kaiser, sondern die Kaiser vielmehr von der ihrigen abhängig⁶). Die Zeit war endgültig überwunden, wo der Kaiser, selbst in Reichsabschieden, einmal ›kraft römischer kaiserlicher Machtvollkommenheit‹ eine Verfügung treffen konnte: jetzt acceptierte ein Limnaeus mit Genugthuung die Deduction, dass diese Redensart zwar den Willen desselben zum Ausdruck bringen, nicht aber bewirken könne, dass sich die Gültigkeit der damit eingeleiteten Bestimmung weiter erstrecke, als die Befugnis des Kaisers wirklich reiche⁷).

Noch aber musste der kurfürstlichen Präeminenz eine Rückzugslinie abgeschnitten werden. Die Kurfürsten hätten auf Grund ihres Capitulationsrechtes, welches ihnen herkömmlich zustand, Sonderabkommen mit den zukünftigen Kaisern treffen können, welche

¹) Meiern IV, 498. — ²) Protokoll Osnabrück, 30. April 1647, Meiern IV, 506. — ³) ib. 508. — ⁴) cf. Art. VII dieses Friedensinstrumentes, Meiern IV, 576. — ⁵) S. Pufendorf zählt auf (Monzambano cap. V, § 27): 1) jus primariarum precum; 2) collatio dignitatum; 3) investitura et collatio feudorum; 4) constitutio scholarum publicarum sive Academiarum; 5) quod facultatem indulget (Imperator) condendae urbis et si quae minoris sortis sunt alia. — ⁶) Hippolithus p. 60. — ⁷) Limnaeus, Capp. Impp. p. 21. 22.

ihren Einfluss in Reichssachen aufrecht erhielten, wie sie etwa noch in der letzten Capitulation von 1636 zum ersten Male ausbedungen hatten, dass ohne ihre Bewilligung kein Stand seitens des Kaisers in die Acht erklärt werden dürfe[1]; und so hätte den behaupteten Rechten der andern Stände zu nahe getreten werden können. Es war denn auch am Friedenscongress, und zwar zuerst im Kreise der evangelischen Stände in Osnabrück, die Forderung ausgesprochen worden, dass als Gegenmittel gegen die „Oligarchia“ entweder jetzt oder beim nächsten Reichstag unter Mitwirkung aller Stände eine beständige Capitulation aufgesetzt werde, die auch nur vom Reichstage verändert werden könne[2]. Dieses Verlangen fand Aufnahme in das Schriftstück, welches die politischen Beschwerdepunkte der Stände enthielt[3]. Bereitwilligst nahmen es auch die Schweden in ihr Friedensproject auf[4]. Die Kaiserlichen verwiesen die Beschlussfassung über diesen Punkt auf einen Reichstag[5], leisteten aber gegen die Aufnahme desselben in den Frieden keinen ernstlichen Widerstand[6] und zählten demgemäss in ihrem Friedensinstrument die Abfassung einer bestimmten und beständigen kaiserlichen Capitulation unter den Gegenständen auf, welche von einem in bestimmter Frist zu erledigenden Reichstage vorzunehmen seien[7]; die vereinbarten Friedensinstrumente schlossen sich dem an[8].

Freilich dauerte es geraume Zeit, bis man an die Ausführung dieser Bestimmung ging. Und selbst im Jahre 1711 blieb es bei dem blossen „Project einer gewissen und beständigen kaiserlichen Wahlcapitulation“. Aber die Kurfürsten vereinbarten seit der römischen Königswahl Ferdinands IV. vom Jahre 1653 die Capitulation mit dem Erwählten nicht mehr selbständig, sondern „für sich und sämtliche Fürsten und Stände des heiligen römischen Reichs“[9]), und die übrigen Stände machten bezüglich einer Gestaltung derselben, wie sie den Grundsätzen des westfälischen Friedens angemessen war, ihre Forderungen oder, wenn diese nicht berücksichtigt wurden, ihren Protest geltend, bestrebt, den Grundsatz des Limnaeus: je inhaltsreicher die Capitulation, desto freier das Volk[10] in die Praxis umzusetzen. So wollten 1658 die fürstlichen und ständischen Gesandten, als ihre Monita nicht genügend berücksichtigt waren, aufs zierlichste protestiert auch in den betreffenden Punkten die Capitulation Leopolds I. nicht pro Lege publica gehalten haben[11]. An der Wahlcapitulation musste unter solchen Umständen das Schwinden der kurfürstlichen Praeminenz deutlich hervortreten. Hielt die Capitulation Ferdinands IV. in dem Artikel, der die Kurfürstenvereine gestattete, noch wörtlich an der alten Fassung fest[12], so verlangten

[1] Cap. Ferd. III Art. 50. — [2] Protokoll Osnabrück, 1 Febr 1646. Meiern II. 258 ff. 1 sonders Votum von Braunschweig, p. 259 [3] Meiern II. 505 [4] Meiern IV. 4. 1. gek rat V. 161
[5] Meiern IV. 493. — [6] So äusserte sich Salvius in den oben berührten Gesprächen mit dem reichsständischen Gesandten, Meiern IV. 498 [7] Kaiserliches Friedensinstrument Art. VII. Meiern IV. 577 [8] J P u VIII. 3 M 64 — [9] Cap. Ferd IV. und alle folgenden im Eingang — [10] Ubi major capitulatio, eo liber populus jure censeri debet Limnaeus l. c., p 6 [11] Möldener, Capitulatio harmonica, Hagae 1697, Appendix p. 208 — [12] Cap. Ferd IV Art 5

bei Aufstellung der Capitulation Leopolds I. 1658 Fürsten und Stände den Zusatz: jedoch dem Instrumento Pacis und andern der Fürsten und Stände hergebrachten Juribus und Privilegiis unabbrüchig [1]). Zwar ging derselbe in diese und die nächste Capitulation noch nicht über [2]; aber in das Project der beständigen Wahlcapitulation und daraus in die Carls VI. und seiner Nachfolger fand er Aufnahme [3]): und damit war auch äusserlich der Bedeutung der Kurfürsten im Reiche der letzte Stoss gegeben.

Eifersüchtig wachend über ihre errungene Libertät, ausgestattet mit Bündnisrecht in und ausser dem Reiche, einem Kaiser dem Namen nach unterthan, dem man bis auf wenige sogenannte Reservatrechte nichts übrig gelassen hatte, gleicher Geltung für die Ordnung aller wichtigen Angelegenheiten des Reichs, bildeten dessen Glieder zusammen weder eine Monarchie, auch keine beschränkte, noch auch einen ächten Staatenbund, sondern ein Mittelding zwischen beiden, ein Unding, monstro simile, wie Pufendorf es nannte [4]). Noch aber trug es die Maske der Monarchie, und die üblen Folgen dieser »Lüge des Reichsrechts« mussten am grellsten gerade am Reichstage hervor treten, in dessen Hände der westfälische Friede das Wohl und Wehe des Reiches gelegt hatte: denn hier traten die einander widerstrebenden Elemente in unmittelbare Berührung.

Viel war dem nächsten Reichstage zu thun übrig gelassen: er sollte erst die Mängel früherer Reichstage verbessern, sollte sodann über römische Königswahl, beständige kaiserliche Capitulation, Erklärung in die Reichsacht, Erneuerung der Reichskreise und der Reichsmatrikel, Wiederheranziehung der von solcher eximierten Stände, Ermässigung und Erlass der Reichsauflagen, Reform der Polizei und Justiz, Sporteltaxe am Kammergericht, Ordinari-Reichsdeputation, Befugnisse der Directoren in den Reichscollegien [5]), Geltung der Stimmenmehrheit in Steuersachen [6]), Reichshofratsvisitation [7]) und Aufhebung der kaiserlichen Landgerichte [8]) schlüssig werden. Indessen unter diesen Materien befanden sich solche, an deren Wegfall der Kaiser das höchste Interesse hatte, wie vor allen die Beratung über die römische Königswahl. Denn wohl war es abzusehen, wie eine Erörterung dieses Punktes, ob nämlich ein römischer König zu Lebzeiten des Kaisers zu wählen sei oder nicht, falls letztere Auffassung siegte, sogar die Übergehung des Hauses Östreich bei einer Neuwahl hätte zur Folge haben können. Von einer Berufung des Reichstages innerhalb sechs Monaten, wie sie der Friede verlangte, war daher keine Rede mehr: nicht eher wurde er wirklich eröffnet, als bis die römische Königswahl Ferdinands IV. erledigt war, die freilich dem Hause Habsburg nicht wirklich zu gute kommen sollte. Der Reichstag brachte nur eine Hofratsordnung, die schon durch ihren Ursprung den Wünschen der Stände nicht gerecht wurde, sowie Ergänzungen zur Kammergerichtsordnung; die andern Punkte blieben uner-

[1], Monita ad Cap. futurum vom 17. 27. April 1658. Müldener I. c. App. p. 188. — [2]) Cap. Leop. I. und Jos. I Art 6. — [3]) Cap. perp. Art. 3. — [4]) Monzambano cap. VI, § 9. — [5]) J. P. O. VIII, 3. M. 64 — [6], J. P. O. V. 52 — [7]) J. P. O. V, 56. — [8]) ib.

ledigt. Ungeachtet der nachdrücklichen Forderung der Reform des Reichskriegswesens, die der Kurfürst von Brandenburg erhob, vertagte der Kaiser den Reichstag auf eine zweijährige Frist. Aber erst als die Türkennot ihn zwang, berief er ihn wieder, und seitdem hat er getagt bis zum Ende des alten Reiches.

Der Hauptgrund für diese Permanenz lag wohl darin, dass der Fülle wichtiger Geschäfte, die im Frieden entweder dauernd an den Reichstag verlegt oder zu legislatorischer Erledigung an ihn verwiesen waren, und die sich nur bei grosser Eintracht und Opferwilligkeit von Kaiser und Ständen in einer gewissen Zeit hatten bewältigen lassen, das wirkliche Verhältnis der Gewalten im Reich zu einander, wie es sich im Frieden gestaltet hatte und am Reichstage hervortrat, nicht im mindesten entsprach; während andererseits den Ständen ein Schluss des Reichstags nicht willkommen sein konnte, weil sie an ihm Gelegenheit hatten, ihre neuerworbenen Rechte zu bethätigen.[1] Was das gegenseitige Verhältnis der Gewalten betraf, so stand einmal der Kaiser mit Ausnahme allenfalls der Städte, die auf ihn angewiesen waren, sämtlichen Ständen als Partei gegenüber, der ersteren bestrebt, die Monarchie, die letzteren, die Libertät zu verteidigen.[2] Nicht mehr Einigkeit zeigten sodann die oberen Collegien des Reichs. Schon auf dem Reichstag von 1654 wurden anlässlich der Herstellung der Ordinari-Reichsdeputation die Reibereien des Friedenscongresses fortgesetzt: die protestantischen Fürsten machten, wie das schon am westfälischen Friedenscongress geschehen war, den Kurfürsten streitig, dass sie ein eigenes Collegium in der Reichsdeputation formieren könnten. Die Kurfürsten hingegen gaben jenen schuld, dass sie auf nichts anderes aus wären als das kurfürstliche Collegium von seinen Präeminenzen abzubringen, es unter sich zu trennen und den Fürsten und Ständen in allem zu parificieren. Die Kurfürsten waren in demselben Irrtum den Fürsten wie der Kaiser allen Ständen gegenüber: beide meinten in gewissen Reichsgebräuchen Rechte verteidigen zu müssen, die ihnen die Zeitläufte bereits genommen hatten, die historische Consequenz war, wie dort auf Seite der Stände, hier auf Seite der Fürsten. Das kurfürstliche Selbstbewusstsein musste denn auch schliesslich am immerwährenden Reichstage auf einem Felde Nahrung suchen, welches der Würde einer Reichsversammlung wenig angemessen war: aus jenem Contrast der Wirklichkeit mit der Befangenheit in der Tradition entwickelte sich der endlose Streit um das Ceremoniell. Dazu waren die Kurfürsten selbst nicht einig. Eine Versäumnis des westfälischen Friedens, die im Paragraphen von der

---

[1] H. Grössler, die Ursachen der Permanenz des sogenannten immerwährenden Reichstags. Regensburg. Jenens Diss 1869, nimmt vier Gründe der Permanenz an: 1. den Widerwillen der Stände gegen Politik gegen ein gedeihliches Wirken des Reichstags; 2. den schleppenden Geschäftsgang; 3. das kaiserliche Commissionsdecret vom 19. Juni 1670; endlich das Bedürfnis der kleinen Territorien nach geschäftlicher Erledigung. [2] Darüber Monzambano cap. VII, § 8: Quam monstrosum igitur sit hoc imperii splendor tot membra velut in partes descenderit; cap. VI, § 9 hunc ad regni lege retrahere. Ita clarum est Germanos, inde in plenam libertatem tendentibus Ordinibus.

bairischen Kurwürde[1]) nicht ausdrücklich entschiedene Frage vom Reichsvicariat, die auf dem Wahlconvent von 1658 zu einer widerwärtigen Scene führte, entzweite die verwandten Häuser Baiern und Pfalz. Beide obere Collegien standen nun wieder dem dritten missgünstig gegenüber; wie die wachsende Fürstenmacht im Reiche die Freiheit der Städte mehrfach vergewaltigte, so mochte man ihre Gleichberechtigung am Reichstage trotz der ihnen im westfälischen Frieden zugestandenen Decisivstimme auf allen Reichsconventen[2]) nicht anerkennen: so waren sie wieder angewiesen, sich mehr dem Kaiser zu nähern. Nimmt man nun noch die durch den westfälischen Frieden mit nichten beseitigten Collisionen in Religionsfragen hinzu, die sich ebenfalls am Reichstage äussern mussten, so tritt zu Tage, wie wenig dieser Friede einen Boden geschaffen hatte, auf welchem sich ein gedeibliches Wirken jener Versammlung hätte entwickeln können, die einzig und allein die Centralgewalt im Reiche noch repräsentieren konnte.

Von dieser Seite erwarteten auch denkende und patriotisch gesinnte Politiker bald nicht mehr das Heil des Reichs und empfahlen anderweite Gegenmittel gegen den drohenden Zusammenbruch. Aber was vermochte hier alle Theorie! Wenn ein Pufendorf dem Hause Östreich zumutete. sich zu bescheiden, mit der erworbenen Hausmacht zufrieden zu sein und nicht die Oberherrlichkeit über die Stände in Anspruch zu nehmen[3]), so war das allen Traditionen dieses Hauses schnurstracks zuwider; und wenn er andererseits Gegenvorkehrungen gegen die Einmischung Fremder in deutsche Angelegenheiten als hochwichtig bezeichnete[4]), so traf das wieder in das Gegenteil der ständischen Tendenzen. Es gab keine Macht, welche die Entwickelung der deutschen Verhältnisse auf der Bahn hätte aufhulten können, deren Ziel Pufendorf selbst so klar erkannte, wenn er schrieb: »wie man einen Stein, der am Abhang des Berges einmal ins Rollen gebracht ist, leicht bis zu seinem Fusse hinabwälzen, zum Gipfel aber nur mit übermässiger Anstrengung hinaufbringen kann, so kann Deutschland ohne die grössten Erschütterungen und die allerhöchste Verwirrung nicht wieder in die Verfassung einer richtigen Monarchie gebracht werden: einem System von Bundesgliedern nähert es sich ganz von selbst«[5]). Erst aber musste einerseits der monarchische Gedanke gang unmöglich gemacht und gefallen, andererseits aber die Einzelterritorien durch eine lange Reihe schwerer Geschicke dessen erinnert sein, dass es für ihre Gesamtzahl doch auch eine Gemeinsamkeit der Interessen gab, ehe die Schöpfung des westfälischen Friedens sich entpuppte als der deutsche Bund.

---

[1]) J. P. O. IV, 3. M. 11. — [2]) J. P. O. VIII, 4. M 65. — [3]) Monzambano cap. VIII. § 4. —
[4]) ib. — [5]) Monzambano cap. VI. §. 9.

Schulnachrichten.

– ⚬ –

I. Lehrverfassung.

A. Erledigte Lehrpensa.

Prima.

Ordinarius: der Direktor.

Religion. 2 St. S.: Johannisevangelium. – W.: Geschichte der deutschen Reformation. Lektüre der Augsburgischen Konfession. Wichtige Abschnitte aus der Kirchengeschichte seit der Reformation. *Kühn.*

Lateinisch. 8 St. Tac. Hist. I c. 1–79. Cic. de orat. I. Kursorische Lektüre: Cic. p. leg. Man. und aus Liv. V. Privatlektüre: Cic. p. Rosc. Am., Cato Maior und Laelius. Extemporalien und Exercitien nach Diktaten. Aufsätze alle vier Wochen. 6 St. *Bader.* Horat. carm. I und II mit Auswahl, Satiren mit Auswahl. Mehrere der gelesenen Oden wurden memoriert. 2 St. *Houssner.*

Griechisch. 6 St. Hom. Il. I–XII. Soph. Aias. 3 St. *Houssner.* Thuk. VI 24–60; II 34–46. — Demosth. Olynth. I–III. — Extemporalien, meist deutsch-griechisch, alle 14 Tage. 3 St. *Hachez.*

Hebräisch. 2 St. Grammatik, mündliche und schriftliche Übungen nach Kautzschs Grammatik und Übungsbuch. Lektüre der in letzterem enthaltenen prosaischen und poetischen Stücke. *Kühn.*

Deutsch. 3 St. Litteraturgeschichte mit Auswahl nach Kluge von Luther bis Schiller incl. Lektüre nach Hopf und Paulsiek; Laokoon; Dramen von Lessing und Goethe; Wahrheit und Dichtung, Buch I–11; Gedichte etc. im Anschluss an die Litteraturgeschichte. Freie Vorträge über Themata aus der Litteratur. Aufsätze alle 4 Wochen. *Houssner.*

Französisch. 2 St. Athalie p. Racine und le Tartuffe p. Molière. Grammatik nach Knebel (repetiert Präpositionen, Rektion des Verb, Gebrauch des Ind. und Konjunktiv, der Participes und Inversion). Exercitien und Extemporalien abwechselnd alle 14 Tage, erstere aus Schillers Geschichte der Unruhen etc., letztere über Kapitel der Grammatik. *Jaep.*

Englisch. 2 St. (fakultativ). Shakespeare's Merchant of Venice a. IV bis zu Ende und Macbeth. *Jaep.*

Geschichte. 3 St. Geschichte des Mittelalters nach Herbst. Repetitionen aus der griechischen und römischen Geschichte. *Kühn.*

32

Geographie. Extemporalien über die Geographie der sämtlichen Erdteile. *Bösser.*
Physik. 2 St. Mechanik der festen, flüssigen und luftförmigen Körper. *Bösser.*
Mathematik. 4 St. Arithmetik im S. 4 St., im W. 2 St. Quadratische Gleichungen mit einer und mit mehreren Unbekannten nebst deren Anwendungen. Diophantische Gleichungen. Nach Heis § 69–79. — Geometrie im W. 2 St.: Trigonometrie nach Wittstein. Konstruktionen nach Wöckel, V. und VI. Abschnitt. Repetitionen aus dem Gesamtgebiet der Mathematik. Schriftliche Arbeiten alle 14 Tage. *Bösser.*

Sekunda.

Ordinarius: Oberlehrer Dr. *Bader.*

Religion. 2 St. Geschichte des Reiches Gottes im alten Bunde. Bibelkunde und Lektüre ausgewählter Abschnitte des Alten Testamentes. Memorieren von Jesaia cap. 53 sowie von einigen Psalmen. *Kühn.*

Lateinisch. 8 St. Liv. I, Cic. p. leg. Manil. Vergils Aen. VI und I. Mündliches Übersetzen aus Süpfles Stilübungen Teil II. Extemporalien nach Diktaten, Exercitien nach Süpfle. Die Obersekundaner machten 4 Aufsätze. *Bader.*

Griechisch. **Obersekunda.** 7 St. Herod. VII c. 1–108; 220–225. Xenoph. Mem. I und II. Grammatik nach Curtius. Mündliches Übersetzen aus Böhmes Aufgaben. Extemporalien und Exercitien meist nach Diktaten. 5 St. *Schramm.* — Hom. Od. V XII. 2 St. *Bader.*

Griechisch. **Untersekunda.** 7 St. Xenoph. Hell. II c. 3 – V c. 1 incl. Grammatik nach Curtius. Mündliches Übersetzen aus Böhmes Aufgaben. Extemporalien und Exercitien meist nach Diktaten. 5 St. *Schmidt.* – Hom. Od. I–IV, XI. 2 St. *Bader.*

Hebräisch. 2 St. Grammatik, mündliche und schriftliche Übungen nach Kautzschs Grammatik und Übungsbuch. *Kühn.*

Deutsch. 2 St. S.: Hermann und Dorothea; lyrische Dichtungen, bes. von Schiller und Goethe (die Glocke, Epilog, das Glück). W.: Maria Stuart; Wie die Alten den Tod gebildet. Privatim: Jungfrau von Orleans, Wallenstein. — Übungen im Disponieren, Deklamationen, freie Vorträge. Aufsätze alle 4 Wochen. *Huchez.*

Französisch. 2 St. Thierry, Hist. des Anglo-Saxons v. ch. 6 bis zu Ende. Grammatik nach Knebel von § 62 – § 86. Die Rektion des Zeitwortes § 94–95. Gebrauch der Zeiten, des Ind. und Konj. von § 96–104. Exercitien und Extemporalien alle 14 Tage abwechselnd. *Jaep.*

Englisch. 2 St. (fakultativ). Dickens, Four tales ed Pacius, 1. bis 3. Erzählung. Grammatik nach Meffert — § 130. Aussprache und Formenlehre. *Jaep.*

Geschichte. 2 St. Römische Geschichte nach Herbst. Repetitionen aus der Geschichte des Mittelalters. *Kühn.*

Geographie. 1 St. Mittel- und Süd-Europa. *Bösser.*

Physik. 2 St. Mechanik der festen, flüssigen und luftförmigen Körper. Chemie. *Bösser.*

Mathematik. 4 St. Geometrie 2 St.: Planimetrie nach Wittstein VII. und VIII. Abschnitt. Repetition der Abschnitte I–VI. Konstruktionsaufgaben nach Wöckel

II.—V. Abschnitt. Arithmetik 2 Stunden: Potenzen. Wurzeln und Logarithmen nach Heis § 34 –59. *Bässer.*

Zeichnen. 2 St. (fakult.; mit III kombin. *Knoop.*

Obertertia.

Ordinarius: Gymnasiallehrer *Schramm.*

Religion. 2 St. Repetition und Erweiterung der Katechismuslehre. Einrichtung des Kirchenjahrs. Übersicht über die Bücher der Heiligen Schrift. Memorieren von Sprüchen und Kirchenliedern. *Kühn.*

Lateinisch. 9 St. Caes. bell. Gall. IV, V. VI und VII c. 1 –22. 3 St. Ovid. lib. I. 1–451; III, 1–137; IV, 55–166; VI. 146–312; VIII. 260–400; XII. 4–38; XIII, 408–575. 2 St. Grammatik nach Ellendt-Seyffert bis § 340. Mündliches und schriftliches Übersetzen aus Ostermanns Übungsbuch. Vokabellernen nach Schles. Wöchentlich Extemporalien oder Exercitien. 4 St. *Schramm.*

Griechisch. 7 St. Curtius Grammatik cap. 11 und 12; wöchentlich eine Klassenarbeit, von Zeit zu Zeit ein Exercitium. Aus Weseners Griech. Elementarbuch Teil II wurden sämtliche Vokabeln memoriert und wenigstens alle deutschen Stücke übersetzt. 4 St. Xenoph. anab. IV, 2 – VI 2. 3 St. *Hachez.*

Deutsch. 2 St. Erklärung ausgewählter Gedichte und Prosastücke aus dem Lesebuche von Hopf und Paulsick. Deklamier- und Disponierübungen. Alle 3 Wochen Aufsätze. *Schramm.*

Französisch. 2 St. In Lüdeckings Lesebuch 2 längere Erzählungen. 4 Abschnitte Geschichte. Vokabeln und einzelne Gedichte gelernt. Grammatik nach Knebel. Rep. der unregelmässigen Verba. Dazu Gebrauch der Adverbs. Präp. Konjunkt. Interj. Wortstellung, Gebr. des Artikels. der Kasus, des Adjektivs – § 85. *Jupp.*

Geschichte. 2 St. Deutsche Geschichte von der Reformation bis 1815 nach Eckertz. *Heussner.*

Geographie. 1 St. Geographie von Mitteleuropa mit Ausschluss der norddeutschen Tiefebene, nach Kirchhoff. *Kühn.*

Naturkunde. 2 St. S.: Botanik. W.: Zoologie: Gliedertiere. *Hellmuth.*

Mathematik. 3 St. Geometrie: Planimetrie nach Wittstein II. VI Abschn z. T. repetitionsweise. Konstruktionsaufgaben nach Wöckel I. und II Abschn Arithmetik: Produkte. Quotienten. Teilbarkeit der Zahlen. Decimalbrüche. Verhältnisse und Proportionen nach Heis § 14–33. *Hellmuth.*

Zeichnen. 2 St. (fakult.; mit II und UIII komb. *Knoop.*

Untertertia.

Ordinarius: Gymnasiallehrer *Schmidt.*

Religion. 2 St. S.: Evang. Matthaei. W.: Apostelgeschichte Memorieren von Kirchenliedern. *Kühn.*

Lateinisch. 9 St. Caesar bell Gall. IV VI c 25. 3 St. Grammatik nach Ellendt-Seyffert. Mündliches Übersetzen aus Ostermanns Übungsbuch für Tertia

34

Das Vokabularium zum Caesar von Schlee wurde auswendig gelernt. Wöchentlich eine Klassenarbeit, von Zeit zu Zeit ein Exercitium. 4 St. *Schmidt.* — Ovid. Met. VIII, 620—724; XI, 85—145; VI, 317 -381; VIII, 188—235; IV, 55—166; VIII, 273 bis 524. 2 St. *Bader.*

Griechisch. 7 St. Curtius Grammatik cap. 1—10 incl. Schriftliches und mündliches Übersetzen samtlicher Stücke, sowie Erlernen aller Vokabeln aus dem Elementarbuch von Wesener. Wöchentlich eine Klassenarbeit. *Arens.*

Deutsch. 2 St. Repetition der Lehre vom zusammengesetzten Satz. Lesen und Erklären ausgewählter Gedichte aus dem Lesebuch von Hopf und Paulsiek. Deklamier- und Disponier-Übungen. Alle 3 Wochen ein Aufsatz. *Schmidt.*

Französisch. 2 St. Grammatik nach Knebel § 13—60: Artikel, Substantiv, Adjektiv. Zahlwort, Fürwort, Zeitwort zum Teil. Übersetzungen aus Probst. Lektüre aus Lüdecking. Exercitien und Extemporalien alle 14 Tage. *Bösser.*

Geschichte. 2 St. Deutsche Geschichte von der Reformation bis 1815, nach Eckertz. *Kühn.*

Geographie. 1 St. Geographie von Mitteleuropa mit Ausschluss der norddeutschen Tiefebene. *Kühn.*

Naturkunde. 2 St. S.: Botanik. W.: Zoologie: Wirbellose Tiere. *Bösser.*

Mathematik. 3 St. Arithmetik nach Heis § 1—24. Geometrie nach Wittstein, Abschnitt I -IV. *Bösser.*

Zeichnen (fakult.; mit II und OIII komb.). *Knoop.*

Parallelklassen Nicht-Griechen der Sekunda und Tertia).

Englisch. II. 4 St. Grammatik nach Meffert von 108—239. Schriftliche Ausarbeitungen aus England alle 14 Tage. Exercitien und Extemporalien abwechselnd alle 14 Tage. Lektüre: The Alhambra by Wash. Irving, 5 Schilderungen und 5 längere Erzählungen. Vokabeln und einzelne Gedichte gelernt. *Jaep.*

Englisch. III. 4 St. Formenlehre und Syntax nach Meffert bis § 230. Lehre von der Aussprache. Exercitien und Extemporalien abwechselnd alle 14 Tage. Vokabeln und Gedichte gelernt. Kleine Erzählungen als Diktate geschrieben und übersetzt. *Jaep.*

Deutsch. II und III. 1 St. Lektüre von Archenholtz, Geschichte des siebenjährigen Krieges. Disponierübungen im Anschluss an die Lektüre. *Kühn.*

Zeichnen. II und III. 2 St. *Knoop.*

Quarta.

Ordinarius: Gymnasiallehrer Dr. *Hachez.*

Religion. 2 St. Erstes und zweites Hauptstück ganz, zum Teil das dritte. Gesänge, Sprüche, Katechismus gelernt. *Schaap.*

Lateinisch. 9 St. Ostermanns Übungsbuch für Quarta pag. 1—110. Grammatik nach Ellendt-Seyffert. Wöchentlich Extemporalien. Ostermanns Vokabularium für Quarta gelernt. 5 St. — Aus Cornelius Nepos wurden gelesen: Alcibiades, Lysander,

Thrasybulus, Conon, Iphicrates, Chabrias, Phocion, Dion, Hamilcar, Hannibal, Cato. Atticus z. T. Memoriert wurde Hannibal zum Teil. 4 St. *Huchez.*

Deutsch. 3 St. Lese-, Erzählungs- und Deklamationsübungen nach dem Lesebuche von Hopf und Paulsiek. Memorieren von Gedichten. Grammatik: Wiederholung des Pensums für Quinta. Die Lehre vom einfachen und zusammengesetzten Satz und der Interpunktion. Etwa alle 10 Tage ein Aufsatz oder Diktat. *Arens.*

Französisch. 4 St. Probst Vorschule, Abschnitt II. V. 2. Mündliches und schriftliches Übersetzen sämtlicher Stücke sowie Erlernen der betreffenden Vokabeln. Wöchentlich eine Klassenarbeit. *Arens.*

Geschichte. 2 St. Alte Geschichte nach Jäger. *Heussner.*

Geographie. 2 St. Asien, Afrika, Amerika und Australien. *Schmidt.*

Naturgeschichte. 2 St. S.: Botanik. W.: Reptilien, Amphibien, Fische z. T. *Hellmuth.*

Mathematik. Geometrie nach Wittstein bis § 72. *Schaap.*

Rechnen. Zins-, Teilungs-, Flächenrechnung nach Sass. Teil II. *Schaap.*

Schönschreiben. 1 St. *Schaap.*

Zeichnen. 1 St. *Knoop.*

Quinta.

Ordinarius: Cand. *Arens.*

Religion. 2 St. Bibl. Geschichte des N. Test. Wiederholt wurde das I. Hauptstück, neu besprochen das II. Gesänge, Sprüche, Katechismus gelernt. *Schaap.*

Lateinisch. 9 St. Unregelmässige Formenlehre nach Ellendt-Seyffert, die wichtigsten syntaktischen Regeln nach Ostermann. Mündliches und schriftliches Übersetzen sämtlicher Stücke aus Ostermanns Übungsbuch für Quinta. Erlernung des Vokabulariums. Wöchentlich Extemporalien. *Arens.*

Deutsch. 2 St. Lesen, Erzählen, Deklamieren nach dem Lesebuch von Hopf und Paulsiek. Grammatik: Wiederholung des Pensums für Sexta, orthographische Regeln, Anfangsgründe der Satz- und Interpunktionslehre, sowie der Flexionslehre. Wöchentlich Diktate oder kleine Aufsätze. *Heussner.*

Französisch. 4 St. Probst, Vorschule, S. 1—68. Mündliches und schriftliches Übersetzen der entsprechenden Abschnitte. Vokabellernen. Wöchentlich eine Klassenarbeit. *Schmidt.*

Geschichte. 1 St. Ausgewählte Erzählungen aus der deutschen Geschichte. *Hellmuth.*

Geographie. 2 St. Europa, nach Seydlitz' Grundzügen der Geographie. *Schrumm.*

Naturgeschichte. 2 St. S.: Botanik. W.: Die Vögel. *Hellmuth.*

Rechnen. 4 St. Im Sommer: Division gemeiner Bruche, Decimalbruchrechnung. Winter: Rechnen nach Sass, Teil II. *Schaap.*

Schönschreiben. 2 St. *Schaap.*

Zeichnen. 2 St. *Knoop.*

Sexta.

Ordinarius: Lehrer *Schaap.*

Religion. 3 St. Geschichten des Alt. Test. I. Hauptstück. Gesänge, Sprüche, Katechismus gelernt. *Schaap.*

Lateinisch. 9 St. Regelmässige Formenlehre mit Ausschluss der Deponentien; mündliche und schriftliche Übersetzungen aus Ostermanns Übungsbuch für Sexta und Erlernung des Vokabulariums; wöchentlich ein Extemporale. *Hellmuth.*

Deutsch. 3 St. Lektüre aus Hopf und Paulsieks Lesebuch für Sexta, Wiedererzählen des Gelesenen. Memorieren von Gedichten; Redeteile, Formenlehre, der einfache Satz, Einübung der Orthographie; wöchentlich ein Diktat. *Hellmuth.*

Geschichte. 1 St. S.: Siegfried- und Gudrunsage. W.: Trojanischer Krieg. *Schaap.*

Geographie. 2 St. Die Grundlehren der Geographie; Übersicht der ganzen Erde. *Schramm.*

Rechnen. 4 St. Die vier Species in ganzen Zahlen, sowie Addition, Subtraktion und Multiplikation gemeiner Brüche. *Schaap.*

Naturgeschichte. 2 St S.: Botanik. W.: Verschiedene Gattungen der Säugetiere. *Hellmuth.*

Schönschreiben. 2 St. *Schaap.*

Zeichnen. 2 St. *Knoop.*

Der **Gesangunterricht** wurde in drei Abteilungen in 6 St. wöchentlich erteilt von Musiklehrer *Klose.*

Die **Turnübungen** während der Sommermonate leiteten die Gymnasiallehrer *Schramm* und *Schmidt.*

B. Bearbeitete Aufgaben.

1. Aufgaben für die Klausurarbeiten der Abiturienten.

Michaelis 1884.

Deutscher Aufsatz: Warum misslang den Römern die Unterwerfung der Germanen? — **Lateinischer Aufsatz:** Themistocles et Aristides sua uterque virtute res Atheniensium promoverunt. — **Mathematik:** 1. Von einem ausserhalb eines Kreises gegebenen Punkte aus eine Sekante so zu ziehen, dass der dadurch entstehenden Sehne ein Peripheriewinkel von gegebener Grösse entspricht. — 2. Von einem rechtwinkeligen Dreieck kennt man die Summe der Katheten a + b = 40 cm und einen spitzen Winkel a = 29° 53, 4'. Man soll die drei Seiten des Dreiecks berechnen. — 3. x + y = 7;

$$\frac{x}{y} - \frac{y}{x} = \frac{7}{12}.$$ — 4. Wie viele Durchschnittspunkte können 20 gerade Linien bilden, von denen 6 unter sich parallel sind, 5 andere durch einen Punkt gehen und noch 4 andere sich in einem zweiten Punkte schneiden.

Ostern 1885.

Deutscher Aufsatz: Hagen nach der Ermordung Siegfrieds   **Lateinischer Aufsatz:** Scipionibus quid Romani debuerint. — **Mathematik:** 1. $x : y = 13 : x^4 - y^4 = 3697$. — 2. Ein 17schichtiger dreiseitiger Kugelhaufen soll zu einem 14schichtigen vierseitigen umgesetzt werden. Wie viel Kugeln fehlen hierzu? 3. Von einem Dreieck kennt man die Differenz zweier Seiten $a - b = 20$ mm, die Höhe auf die kleinere derselben $h = 39$ mm und die dritte Seite $c = 51$ mm. Die unbekannten Seiten und die Winkel zu berechnen. 4. Wie verhält sich der Inhalt eines gleichseitigen Cylinders zu dem eines gleichseitigen Kegels von gleicher Oberfläche?

2. In den oberen Klassen bearbeitete Aufsätze.

1. Prima.

Deutscher Aufsatz: S.: 1. a. Warum preist der Chor am Schluss der Antigone Besonnenheit als das höchste Glück? b. Des Perikles Verdienste um Athen. 2. Welches Bild entwirft uns Goethe in seinem Gedicht Hans Sachsens poetische Sendung von dem Nürnberger Meistersänger? 3. Das Reformatorische in Freytags Markus König. 4. Ästhetische Würdigung der Homerischen Teichoskopie (Il. III). W. 1. Wie malt Homer? (Im Anschluss an Lessings Laokoon). 2. Einige Naturbilder aus Horaz. 3. Tarents Auf- und Niedergang. — 4. a. Griechenland und die Perserkriege, Rom und die Gallierkriege, eine Parallele. b. Welche Einflüsse bildeten Goethe hauptsächlich in seiner Jugend in Frankfurt, und auf welchen Gebieten bewegte sich vorzüglich seine selbständige Thätigkeit in jener Zeit? (Klassenaufsatz). 5. Entspricht der Sophokleische Aias der Forderung des Aristoteles, dass in der Tragödie ein im ganzen trefflicher Mann durch einen Fehler gestürzt wird? — 6. Die Verdienste der beiden ersten sächsischen Kaiser um das Reich und die Kirche.

Lateinischer Aufsatz: S.: 1. Pausanias magnam belli gloriam turpi morte resculavit. 2. Amor patriae quantum valeat ad virtutem excitandam, exemplis e veterum memoria petitis demonstretur. 3. De Pisistrati vita et in rem publicam Atheniensium meritis. 4. Themistocles et Aristides sua uterque virtute res Atheniensium promoverunt. W.: 1. Illud Livii: externus timor maximum concordiae vinclum quam verum sit, ex rerum memoria illustretur. 2. Deleta Karthago quid commodi quid detrimenti Romanis trulerit. — 3. Sitne probanda Epaminondae sententia, qui Boeotiam *ἴερος ὀρχήστραν* appellavit 4. Demosthenes et Cicero vi dicendi, amore patriae, vitae exitu simillimi. 5. Scipionibus quid Romani debuerint.

2. Sekunda.

Deutscher Aufsatz: S.: 1. a. Welche Bedeutung hat die Riccaut-Scene in Lessings Minna von Barnhelm? b. Wie wird sich die Erzählung der Bürgschaft gestalten, wenn nicht Damon, sondern Phintias zum Träger der Idee gemacht wird? 2. a. Die Neugier von ihrer edlen und von ihrer gemeinen Seite. b. Exposition im ersten Gesange von Hermann und Dorothea 3. Die Episode vom Brande des Städtchens in ihrem Verhältnis zur Haupthandlung. 4. Glück und Glas, wie bald bricht das! Chrie W.: 1. a. Ist Schillers Auffassung der Phäaken vollkommen zutreffend, wenn er sagt:

38

Mich umwohnt mit glänzendem Aug' das Volk der Phaaken,
Immer ist's Sonntag, es dreht immer am Herd sich der Spiess ?
b. Exposition im ersten Gesange der Odyssee. — 2. a. Was sagt Schiller in seiner Abhandlung für und wider die Gesetzgebung des Lykurg? b. Bei welchen Anlässen wird die Glocke geläutet? — 3. Die Exposition in Schillers »Jungfrau von Orleans«. — 4. Wallensteins Abfall vom Kaiser (nach Schillers Trilogie). — 5. Der Rhein des Deutschen Lieblingsstrom. — 6. Marias und Elisabeths Begegnung im Park zu Fotheringhay. Lateinischer Aufsatz (Obersekunda): 1. De pugna Marathonia. — 2. Romani quid a praedonibus passi sint. — 3. De Romuli in rempublicam meritis. — 4. Quem vitae exitum habuerit Priamus.

C. Eingeführte Lehrbücher von Ostern 1885.

1. Religionsunterricht. In Sexta, Quinta, Quarta: Preuss, biblische Geschichte. Luthers kleiner Katechismus. In Tertia — Prima: Bibel. In Prima: Nov. test. graece ed. Tischendorf.
2. Deutsch. In Sexta — Tertia: Hopf und Paulsiek, Lesebuch. In Prima: Kluge, Geschichte der deutschen National-Litteratur.
3. Lateinisch.[1]) In allen Klassen: Ellendt-Seyffert, Grammatik In Sexta — Quarta: Ostermann, Übungsbuch mit Vokabularium. Lhomond, Urbis Romae viri illustres. In Tertia: Ostermann und das Vokabularium zu Caesar von Schlee. In Sekunda und Prima: Süpfle, Aufgaben II.
4. Griechisch.[1]) Tertia - Prima: Curtius, Schulgrammatik. In Untertertia: Wesener, Griechisches Elementarbuch I. In Obertertia: Wesener II. In Sekunda: Böhme, Aufgaben.
5. Hebräisch. In Sekunda und Prima: Kautzsch, Grammatik und Übungsbuch.
6. Französisch. In Quinta und Quarta: Probst, Vorschule. In Tertia: Probst, Übungsbuch I, Lesebuch von Lüdecking I. In Tertia und Sekunda: Knebel, Grammatik.
7. Englisch. In Sekunda und Prima: Meffert, Grammatik. Jaep, England.
8. Geschichte[2]) In Quarta: Jäger, Hülfsbuch. In Tertia: Eckertz, Hülfsbuch. In Sekunda und Prima: Herbst, Hülfsbuch.
9. Geographie.[2]) In Sexta und Quinta: Seydlitz, Grundzüge der Geographie. Quarta — Sekunda: Kirchhoff, Schulgeographie.
10. Mathematik und Rechnen. In Sexta und Quinta: II. Rechenheft f. d. Fürstentum. In Quinta und Quarta: Sass, Rechenbuch II. In Quarta — Prima: Heis. Sammlung von Beispielen. In Tertia — Prima: Wittstein. Geometrie. Wöckel, Geometrie. In Sekunda und Prima: August, Logarithmentafeln.
11. Naturkunde. In Sexta — Tertia: Leunis. Analytischer Leitfaden der Naturgeschichte. In Sekunda und Prima: Koppe, Anfangsgrunde der Physik. Fliedner, Aufgaben.

II. Chronik des Gymnasiums.

Der Kursus des Schuljahres 1884—85 begann am 21. April 1884.

Als Nachtrag zu der Feier der Enthüllung des Vossdenkmals s. Chronik des vorj. Progr. S. 29 ff.) sei erwähnt, dass dieselbe noch durch eine kleine Festschrift des Herrn Prof. Aug. **Dühr** zu Friedland in Meckl. ausgezeichnet wurde, nämlich eine Übersetzung des Geibelschen Gedichtes „Eutin" in homerischen Hexametern „Edyllion Emanuelis Geibelii Eutinum graecis versibus translatum honori civitatis Eutinensis die auspicatissimo, quo Joannis Henrici Vossii signum in ipsorum oppido constitutum est — dedicavit Augustus Dühr Fridlandiensis. Prid. Non. Jul. a. MDCCCLXXXIII

An Stelle des schon vor dem Schluss des vorigen Schuljahres aus seiner hiesigen Stellung wieder ausgeschiedenen Musikdirektors Herrn Bastian wurde Herr Organist **Klose** aus Neumünster hierher berufen, der am 26. Mai sein Amt als Musiklehrer am Gymnasium antrat.

Carl Christian Hermann Klose, geb. zu Hamburg am 8. April 1858, besuchte von 1865 bis 1873 das Johanneum seiner Vaterstadt, studierte darauf Musik zu Hamburg, Stuttgart und Berlin und war von Weihnachten 1881 Organist zu Neumünster in Holstein.

Das **Waldfest** wurde am 4. Juli nachmittags auch diesmal ebenso wie in den beiden vorhergehenden Jahren beim günstigsten Wetter in sehr freudiger Stimmung und unter zahlreicher Beteiligung gefeiert.

Am 2. September fand in der üblichen Weise die Feier des **Sedanfestes** statt. Die Festrede hielt Herr Oberlehrer Dr. Bader. Am Nachmittage machte die Schule unter zahlreicher Beteiligung von Angehörigen der Schüler einen Ausflug nach Gremsmühlen.

Die schriftliche **Maturitätsprüfung** für das Sommerhalbjahr fand statt vom 18. bis 23. August, die mündliche unter dem Vorsitze des Regierungskommissars Herrn Oberschulrat Ramsauer am 9. September.

Am 19. September wurde der Unterricht ausgesetzt, um den Schülern Gelegenheit zu geben sich das in der Nähe stattfindende **Manöver** anzusehen.

Vom 17. Nov. bis 26. Jan. wurden die **Unterrichtsstunden** wegen der Dunkelheit wieder von 8½—1½ Uhr zusammengelegt. Der Zeichenunterricht der Tertia und der Gesangunterricht musste für diese Zeit wieder ausfallen.

Der Bau einer **Turnhalle** ist nun genehmigt und wird hoffentlich bald in Angriff genommen werden.

Durch Allerhöchste Entschliessung vom 21. Januar d. J. wurde dem Oberlehrer Herrn Dr. **Bösser** der Professortitel erteilt.

Die schriftliche **Maturitätsprüfung** für das Winterhalbjahr fand statt vom 16. bis 21. Februar, die mündliche unter dem Vorsitze des Regierungskommissars Herrn Oberschulrat Ramsauer am 13. März.

Mit Genehmigung der Regierung wird künftig an dem bisher den Schülern freigegebenen Nachmittag vor dem Buss- und Bettage unterrichtet werden, statt dessen aber der **Fastnacht-Nachmittag** frei sein. So fiel am 17. Febr. nachm. zur Ostern a der Unterricht aus.

Die **Schülerbibliothek** des Gymnasiums, welche unter der Verwaltung des Herrn Gymnasiallehrer Schramm steht, wurde aus dem noch vorhandenen Gelde (s. Chron. d. vor. Jahres S. 31) und durch Beiträge der Schüler wieder wesentlich vermehrt. Abgesehen von kleineren Gaben verschiedener Verlagshandlungen dankt das Gymnasium besonders für die reiche Sammlung von Schulbüchern und Textausgaben, welche die Verlagshandlung von **Freytag** in Leipzig übersandte.

Die **Gymnasialvorschule** (Privatschule) zählte im Sommer 19, im Winter 26 Schüler. Den Hauptunterricht erteilte wie bisher Herr Lehrer Blaurock, 5 St. Rechnen in der ersten Abteilung gab Herr Lehrer Schaap, 1 St. Deutsch in derselben Abt. im W. der Direktor.

III. Statistisches.

A. Lehrer.

1. Direktor: Dr. Friedrich Heussner. 2. Oberlehrer: Prof. Dr. Georg Jaep, Prof. Dr. Ferdinand Bosser. Dr. Franz Bader, Anton Kühn. 3. Ordentliche Gymnasiallehrer: Albert Schramm, Hugo Schmidt, Dr. Karl Hachez. Mit Versehung der vierten ordentl. Lehrerstelle war beauftragt Cand. August Arens. 4. Elementarlehrer: Eduard Schaap. 5. Wissenschaftl. Hülfslehrer: Adolf Hellmuth 6. Technische Lehrer: Adolf Knoop für den Zeichenunterricht, Hermann Klose (für den Gesangunterricht.

B. Schüler.

1. Frequenz.

Die Anstalt wurde während des Schuljahres von 168 Schülern besucht.

Das Sommerhalbjahr begann mit 163 Schülern:

	I 17	II 23	OIII 21	UIII 31	IV 27	V 21	VI 23	= 163.
Aus der Stadt Eutin:	9	10	9	19	11	14	15	= 87.
Aus d. übrigen Fürstent.:	1	7	3	3	5	3	3	= 25.
Nicht aus dem Fürstent.:	7	6	9	9	11	4	5	= 51.

Im Laufe des Sommerhalbjahrs und zu Michaelis gingen ab I 3, II 1, OIII 1, UIII 1, IV 3, VI 1 = 10; es traten ein in I 1, UIII 1, IV 1, V 1 = 4.

Es ergibt sich danach für das Winterhalbjahr folgende Verteilung:

	I 15	II 22	OIII 20	UIII 31	IV 25	V 22	VI 22	= 157.
Aus der Stadt Eutin:	8	10	9	18	11	14	14	= 84.
Aus d. übrigen Fürstent.:	1	6	2	3	4	3	3	= 22.
Nicht aus dem Fürstent.:	6	6	9	10	10	5	5	= 51.

Im Laufe des Winterhalbjahrs gingen ab aus UIII 1, IV 1, VI 1, es trat ein in VI 1. Bestand am 10. März 1885 I 15, II 22, OIII 20, UIII 30, IV 24, V 22, VI 22 = 155.

An dem Kursus der Parallelklassen nahmen teil im S.: II 2, III 7. im W.: II 1, III 6 Schüler. Ausser diesen nahmen am Zeichenunterricht teil aus III im S.: 8, im W.: 6. Am englischen Unterricht nahmen teil im S.: I 6, II 11, im W.: I 3, II 11; im hebräischen Unterricht im S.: I 4, II 9, im W.: I 3, II 8.

2. Alphabetisches Verzeichnis

sämtlicher Schüler, welche im Laufe des Schuljahres das Gymnasium besucht haben.

Der Ortsname gibt den Heimatsort der Schüler an; diejenigen Schüler, bei denen ein Ort nicht angegeben ist, sind von hier. - * bez. ausgetreten, † eingetreten während des Sch. jahres

Prima 18.

v. Beaulieu-Marconnay, Karl.
*v. Bernstorff, Ernst. Koberg (Lauenburg).
Bock, Georg.
Buresch, Gustav. Kiel.
v. Burgsdorff, Hans. Potsdam.
Deetjen, Heinrich. Gleschendorf.
Frantz, Otto.
Hellwag, Gustav.
Lehfeldt, Johannes.
†v. Maltzahn, Ludolf. Peccatel b. Penzlin.
Meyn, Adolf. Uetersen.
Mücke, Ferdinand.
Muus, Heinrich.
Reimers, Christian. Fitzbeck b. Kellingh.
Schmidt, Friedrich. Hamburg.
Warns, Julius.
*v. Wedderkop, Magnus.
*Witt, Friedrich. Neustadt.

Sekunda 23.

a. Obersekunda 11.

v. Burgsdorff, Alexander. Potsdam.
Bredfeldt, Hermann.
Feddersen, Ludwig. Rosenhof.
Fock, Georg. Ahrensbök.
Hellwag, Wilhelm.
Reuter, Adolf. Ahrensbök.
Rodenberg, Fritz.
*Rohlfs, Hugo. Ahrensbök.
Schmidt, Alfred. Neumünster.
Tietgens, Ernst. Malente.
Werner, Wilhelm. Hamburg.

b. Untersekunda 12.

Bredfeldt, August.
Burchardi, Gustav.
Hamerich, Otto. Bobs.
Hellwag, Rudolf.
Kröger, Paul.

Maltzahn, Jasper. Vanselow.
Pauli, Karl.
Graf zu Rantzau, Ulrich.
Schnauer, Heinrich. Gothendorf.
Streitwolf, Wilhelm. Schonberg.
Tiedge, Otto. Sasel.
Witt, Wilhelm.

Obertertia 21.

Behrens, Detlef. Marxdorf.
Bohmeker, Gustav.
Bouchholtz, Paul. Schwerin i. M
Bannies, Karl. Hasbruch.
Deetjen, Hermann. Gleschendorf
Dietrich, Adolf. Hamburg.
Drenckhan, Otto. Stendorf.
Estorff, Ludwig.
Hartong, Karl.
Hellwag, Karl.
Heussner, Alfred.
Inhülsen, Otto.
Muus, Hans. Eckersdorf.
Ohrt, Paul. Oldenburg i. Grossh
Pfannenstiel, Johannes. Kortiek
Raasche, Otto. Itzehoe
Graf zu Rantzau, Christian
*Scharbau, Wilhelm. Lehmkamp
Schramm, Ludwig. Hornsmühlen
Wagner, Peter.
Winckelmann, Paul

Untertertia 32

Bohmeker, Hans.
Braesch, Wilhelm. Böcklit
Dittmann, Gustav. Neuhagen
Dohm, Otto. Breckrade
Dohm, Louis.
Ebel, Hermann
Evers, Johannes. Grösst
Haase, Alexander. Kassel

42

Janus, Karl.
*Kähler, Anton. Hansühn.
Knorr, Wilhelm.
Langenheim, Wilhelm. Bergfeld.
Langenheim, Otto. Bergfeld.
Lienau, Karl.
Lienau, Robert.
Loeck, Hermann. Schönberg.
Mecke, Paul.
Graf zu Rantzau, Ernst.
Reeder, Alfred.
Reuter, Emil. Ahrensbök.
Schäfer, Karl.
Schläfke, Karl.
*v. Schlütter, Alexander.
Schöning, Karl.
Streitwolf, Kurt. Schönberg.
†v. Thüngen, Wendt. Rossbach b. Zeitlofs
Ufen, Otto. [(Baiern).
Wagner, Hermann.
Wallis, Louis. Hamburg.
Warns, Max.
Wiemken, Paul.
Winckelmann, Max.

Quarta 28.
Baumann, Fritz. London.
Baumann, Karl. London.
Bielfeld, Leopold. Shanghai.
Breier, Ernst. Ratekau.
*Brennan, William. Tamsui auf Formosa.
Bunnies, Robert. Hasbruch.
Drenckhan, Karl. Stendorf.
*Ehlers, Otto. Sieversdorf.
Frick, Karl.
Giesler, Ernst.
*Grambeck, Wilhelm. Hamburg.
Hammerich, August. Hamburg.
Hartong, Heinrich.
Heidenreich, Karl.
Hellwag, Fritz.
Huusfeldt, Heinrich. Nortorf.
†Jessen, Walther. Itzehoe.

Kirkerup, Walther. Wandsbeck.
Knorr, Friedrich.
Knudsen, August.
Kühl, Max. Schönwalde.
Leer, Herbert.
Mecke, Oskar.
*Pauli, Wilhelm.
Schleth, Konrad. Klausdorf.
Schmidt, Julius. Kiel.
Schröder, Arthur. Monte-Christo in Brasi-
Schultze, Max. [lien.

Quinta 22.
Aewerdieck, Friedrich.
Bade, Peter. Gremsmühlen.
Ebel, Paul.
Ehlers, August.
Hein, Gustav.
Heussner, Hermann.
Hingst, Hermann.
Hirschfeldt, Christian.
Hirschfeldt, Rudolf.
Inhülsen, Walther.
Janus, Kuno.
Lienau, Hermann.
Limburg, Friedrich. Lübeck.
Lindemann, Ernst. Röbel.
Muus, Wilhelm. Eckelsdorf.
Ostermayer, Karlos.
Petersen, Friedrich.
Richelsen, Heinrich. Marienwalde b. Mölln.
Schäfer, Friedrich.
Schröder, Gustav. Monte-Christo in Bra-
†Stachow, Hermann. Hamburg. [silien.
Studt, Eduard. Schönwalde.

Sexta 24.
Blaurock, Wilhelm.
Bösser, Hermann.
Briechle, Otto. Hassendorf.
Carstens, Karl.
Dörring, Gustav.
*Dose, Fritz.
Drenckhan, Ernst.
Drenckhan, Hans. Stendorf.

Ebel, Karl.
Gosau, Karl. Kletkamp.
Hingst, Konrad.
Janus, Wilhelm.
v. Ludowig, Friedrich. Münster.
Olderog, Max.
Reinberg, Ludwig.
†Rolling, Otto.

Rieckmann. Paul. Neudorf.
Sager, Detlef. Beutiner Hof.
Schildknecht. Paul.
Schlüter, Hans.
Schröder, Karlos. Monte-Christo in Bra-
Sommer, Johannes.   silien.
*Valsechi. Johannes.
Zimmermann. Bernhard. Itzehoe.

3. Die Maturitätsprüfung bestanden folgende Schüler:

N a m e.	Geburtsort.	Geburts-tag.	Reli-gions-be-kennt-ni-	Stand des Vaters.	Wohnort.	Aufenthalt d. hiesigen Gym-nas. Prima.	Erwählter Beruf.
m 9. September 1884.							
. Bernsdorff, Ernst.	Mühlenrade.	1. Febr. 61.	ev.	Förster †.	Koberg.	2½ 2½	Medizin.
Vitt, Friedrich.	Neustadt i. H.	5. Juli 63.	ev.	Schuhmacherm	Neust. i. H.	5 2½	Theologie.
. Wedderkop, Magn.	Vechta.	12. März 64.	ev.	Oberamtsricht.	Eutin.	11½ 2½	Jura.
m 13. März 1885.							
chmidt. Friedrich.	Mexiko.	19. Febr. 64.	ev.	Kaufmann.	Hamburg.	3 2	Theologie.
Iellwag. Gustav.	Innsbruck.	19. Juni 64.	ev.	Baudirektor †.	Eutin.	3 2	Postfach.
lücke, Ferdinand.	Eutin.	26. Jan. 66.	ev.	Oberreg.-Rat.	Eutin.	6 4 2	Jura.
Varns. Julius.	Meldorf.	29. Sept. 65.	ev.	Droguist.	Eutin.	10 2	Jura.
leiners, Christian.	Fitzbeck.	10. Mai 64.	ev.	Landwirt.	Fitzbeck.	4 2	Jura.

IV. Sammlungen.

1. Die Grossherzogliche öffentliche Bibliothek

ist in dem letzten Jahre um 120 Bände vermehrt worden.

Tagebuch über Dr. Martin Luther, geführt von Dr. Conrad Cordatus 1537. Zum ersten Male herausg. von Wrampelmeyer. Hft. 1—3. Haupt. Die Vizelinskirchen Eschen, Beiträge zur Geschichte und Gemeinde Strückhausen. Oncken, Allgemeine Ge-schichte in Einzeldarstellungen. Abt. 78—92. Geschichtschreiber der deutschen Vor-zeit. Lief. 72—74. Falck, Staatsbürgerliches Magazin. Bd 1—5 nebst Register der zehn ersten Bände. Der Neue Plutarch, herausg. von R. von Gottschall. Bd 10. Hansische Geschichtsblätter. Jahrg. 1883. E. Jacobs. Geschichte der in der Provinz Sachsen vereinigten Gebiete. Grünhagen, Geschichte Schlesiens Bd 1. Die Chro-niken der deutschen Städte. Bd. 19. Lübeck. Erster Bd. Huber Geschichte Öster-reichs. Bd. 1. Egelhaaf, Deutsche Geschichte im Zeitalter der Reformation 1. von Ranke, Weltgeschichte. Bd. 5. a und b. Hasse, Regesten und Urkunden zur Schles-wig-Holsteinischen Geschichte. 1 Hft. 1—3. Hof- und Staatshandbuch des Grossher-zogtums Oldenburg für 1884. Gothaischer genealogischer Hofkalender für 1885. Preussische Jahrbücher. 1884. Petermann. Geographische Mitteilungen 1884. nebst

Ergänzungsheften 74. 75. 76. — Reuleaux, Eine Reise quer durch Indien i. J. 1881. — Dorenwell und Hummel, Charakterbilder aus deutschen Gauen, Städten und Stätten. 2 Bde. — Sach, Die deutsche Heimat. — v. Stintzing, Geschichte der deutschen Rechtswissenschaft. Abt. 2. — Allgemeine deutsche Biographie. Lief. 92—100. — Alberti, Lexikon der Schleswig-Holst.-Lauenburgischen und Eutinischen Schriftsteller von 1866 bis 82. Lief. 1—6. — Strehlke, Göthes Briefe. Lief. 21—27. — Herders sämtliche Werke, herausg. von Suphan. Bd. 28. 7. — Aus deutschen Lesebüchern. Dichtungen in Poesie und Prosa, für Schule und Haus. Herausg. von R. und W. Dietlein. Gosche und Polack. 3 Bde. — O. Brahm, Heinrich von Kleist. — W. Scherer, Jacob Grimm. — Briefwechsel zwischen Jacob und Wilhelm Grimm, Dahlmann und Gervinus. Bd. 1. — Speidel, Bilder aus der Schillerzeit. — J. G. Rist's Lebenserinnerungen, herausg. von Poel. Teil 1. — Naumann, Illustrierte Musikgeschichte. Lief. 29. — Litterarisches Zentralblatt. — Unsere Zeit. — Bergk, Griechische Litteraturgeschichte. Bd. 3. — Aischylos, von Droysen. — Zeller, Vorträge und Abhandlungen. Dritte Sammlung. — Trendelenburg, Die Laokoongruppe. — Philologische Rundschau. — Neue Jahrbücher für Philologie und Pädagogik. — Bursian, Jahresbericht über die Fortschritte der klassischen Altertumswissenschaft. — Zeitschrift für das Gymnasialwesen. — Gymnasium. — Grimm, Deutsches Wörterbuch, Bd. 4. Abt. 1. Zweite Hälfte. Lief. 6. Bd. 6. Lief. 12. 13. Bd. 7. Lief. 5. 6. — Diefenbach und Wülcker, Hoch- und Niederdeutsches Wörterbuch der mittleren und neueren Zeit zur Ergänzung der vorhandenen Wörterbücher insbesondere des der Brüder Grimm. Lief. 5 und 6. — Müllenhoff, Deutsche Altertumskunde. V. 1. — Zeitschrift für deutsche Philologie, herausg. von Höpfner und Zacher. — Zeitschrift für romanische Philologie, herausg. von Gröber.

Herbartsche Reliquien. Ein Supplement zu Herbarts sämtlichen Werken, herausg. von Ziller. — Ziller, Allgemeine Pädagogik. — Statistik der höheren Schulen Deutschlands. — Centralblatt für die gesamte Unterrichtsverwaltung in Preussen.

Weinhold, Experimentalphysik. — Lennis, Synopsis der drei Naturreiche, herausg. von Ludwig. Teil 1. Bd. 1 und 2. Abt. 1. — Müller-Pouillet, Physik. Neueste Ausg. 4 Bde. — Annalen der Physik und Chemie. — Hoffmann, Zeitschrift für mathematischen und naturwissenschaftlichen Unterricht. — Klein, Astronomische Abende. — Malberg, Über die Einheit aller Kraft. — Vierteljahrsschrift für gerichtliche Medizin und öffentliches Sanitätswesen. Bd. 39. 40. und 2. Supplementheft. — Deutsche Vierteljahrsschrift für öffentliche Gesundheitspflege. Bd. 15. 16. — Ersch und Gruber, Allgemeine Encyklopädie. II. 35. 36.

Wir danken für folgende Geschenke:

Von Sr. Königlichen Hoheit dem Grossherzoge:

Zeitfragen des christlichen Volkslebens. 63 Hefte oder 10 Bde.

Vom Grossherzoglichen Staatsministerium:

Anzeiger des Germanischen Nationalmuseums.

Von der Kieler Universitätsbibliothek:

Die Klosterbibliothek zu Bordesholm und die Gottorper Bibliothek. Drei bibliographische Untersuchungen von E. Steffenhagen und A. Wetzel. — Jahresbericht über die Kieler Universitäts-Bibliothek 18⁸³/₈₄.

Von Fräulein J. Specht:

Schütze, Holsteinisches Idiotikon, ein Beitrag zur Volkssittengeschichte. 4 Bde. — Oken, Allgemeine Naturgeschichte für alle Stände. Nebst Atlas.

Von Herrn Hofrat Dr. Pauli:

Pauli, Über Smyrna. Pauli, Über Chios.

Von Herrn Oberst Rüder:

Über den Nord-Ostsee-Kanal; 5 Broschüren nebst Karten, aus den Jahren 1864—66.

Von Geh. Schulrat Dr. Pansch:

Schriften des Naturwissenschaftlichen Vereins für Schleswig-Holstein. 10 Hefte. — v. Alten, Der Maler Asmus Jacob Carstens. Nebst Verzeichnis seiner Werke. — Hense Friedrich Wilhelm III. — Sanders, Das Volksleben der Griechen.

2. Physikalisches Kabinet.

Angeschafft wurden: Plateau's Apparat zu Versuchen mit schwimmender Olkugel; ein vollständiger Chladnischer Apparat. 2 unisono gestimmte Stimmgabeln, die eine mit Schieber. 1 Modell einer Pendeluhr mit Kontaktvorrichtung zum Betrieb eines Zeigerwerks. 1 Modell eines Stosshebers. 1 Nivellierlatte. Eine wertvolle Bereicherung erhielt die Sammlung durch das von Herrn X. N. dahier geschenkte Modell einer Dampfmaschine.

3. Naturhistorische Sammlungen.

Gekauft wurde ein geschliffener Achat.

Öffentliche Prüfung und Schlussfeier.

Donnerstag den 26. und Freitag den 27. März.

Donnerstag.

Choralgesang.

Sexta 9—10 Uhr. Latein. WH. Hellmuth. Deklamation. Religion Lehrer Schaap.
Quinta 10—11 Uhr. Rechnen. Lehrer Schaap. Deklamation. Latein. Cand. Arens.
Quarta 11—12 Uhr. Französisch. Cand. Arens. Deklamation. Cornel. Dr Hache z.
Untertertia 3—4 Uhr. Mathematik. Prof. Dr Bosser. Deklamation. Caesar. GL. Schmidt.
Obertertia 4—5 Uhr. Geographie. Oberl. Kühn. Deklamation. Ovid. GL. Schramm.

Freitag.

Sekunda 8—9 Uhr. Französisch. Prof. Dr. Jaep. Deklam. Cicero. Oberl Dr Rüder.
Prima 9—10 Uhr. Horaz. Der Direktor. Geschichte. Oberl. Kühn.

10½ Uhr Schlussfeier.

Choralgesang: Lobe den Herren etc. V. 1 und 2

Lateinische Valediktionsrede des Abiturienten F. Schmidt.
Gemischter Chor: Gott, deine Güte reicht so weit von Grell.
Deutsche Valediktionsrede des Abiturienten J. Warns.
Gemischter Chor: Leise zieht durch mein Gemüt.
Entlassung der Abiturienten durch den Direktor.
Gemischter Chor: Preis und Anbetung sei unserem Gott. Motette von Rinck.
Mitteilung der Versetzungen und Austeilung der Zeugnisse.

Das neue Schuljahr wird **Montag den 13. April** nachmittags 3 Uhr mit einer gemeinsamen Andacht eröffnet.

Die **Aufnahmeprüfung** der neu zugehenden Schüler findet Montag den 13. April von morgens 8 Uhr statt. Jeder aufzunehmende Schüler hat einen Tauf- oder Geburtsschein, ein Impf- resp. Revaccinationsattest und ein Abgangszeugnis der vorher von ihm besuchten Anstalt vorzulegen.

Die **Ferienordnung** für das kommende Schuljahr wurde in folgender Weise festgesetzt: Pfingstferien: Schluss des Unterrichts Freitag den 22. Mai, Wiederanfang Montag den 1. Juni; Sommerferien: Schluss d. U. Sonnabend den 4. Juli, Wiederanfang Montag den 3. August; Herbstferien: Schluss d. U. Sonnabend den 26. September, Wiederanfang Montag den 12. Oktober; Weihnachtsferien: Schluss d. U. Sonnabend den 19. Dezember, Wiederanfang Montag den 4. Januar.

Dr. F. Heussner.

www.ingramcontent.com/pod-product-compliance
Lightning Source LLC
Chambersburg PA
CBHW032133080426
42733CB00008B/1048